色と形

パッチワークパターンで布遊び

小関鈴子

180 Designs of Traditional and Original Quilt Blocks

41 Quilt Block Designs
202 × 225cm
参考作品

Prologue

　本書は、好きなオールドパターンとオールドパターンに少し変化を付けたパターン、そしてオリジナルパターンを加えて私のイメージで配色したパターン集です。主にピーシングのパターンを掲載していますが、ピーシングの中にアップリケの入るものも少しあります。

　パターンの中でも好きなものは、ずっとイメージが変わらず、いつ縫っても新鮮で楽しめる永遠の定番、四角、三角、ヘキサゴン、ログキャビンです。そしてパターン集ということを考えて、カーブや鋭角、円などのおもしろい形やあまり皆さんが普段使わないけれど特徴のあるパターンを集めました。

　この本のパターンの分類は、教科書のような規則正しいものではなく、「具象」「形でわける」「ブロックでわける」といったラフで自由なわけ方をしています。これは皆さんがパターンを縫うときにどうやって探すかを考えました。まずはパターン名のわかっているもの、次に花を縫いたいなど具象的な形のあるものでしょう。ではどんなパターンを縫いたいかを考えていなかったら？　パターン集を見ながらわかりやすいのは見た目の印象かと思います。そこで三角や円などパターンの形に特徴のあるもの、ブロックにわかれて分割が明確、くり返しで縫える、というように見た目でシンプルにわけました。パターンによってはどちらの項目にも分類できるものがたくさんあります。

　そしてパターンを縫うときにいちばん大事なことは配色だと思っています。「楽しくもあり、苦しくもある」。配色には自分の好きな柄布、色を使うことをおすすめします。例えば「具象」のパターンでは、一目見て形が理解できるのでたくさんの柄の布を使ってみます。「斜めのラインが特徴」「つないで広がる」では、パターンを並べてつなげたときの方向を意識したり、ピースの面同士でつながっていくときは隣の柄との相性を吟味します。また究極の2色で構成するのもわくわくします。まず、イメージを描いてから布の色と柄を選んで始めるとよいでしょう。

　ひとつのパターンでも、縫う人によってまったく見え方が違ってきます。形が集まった20cm角ほどの小さなパターンの中に、自分の世界を表現できるのも配色です。イメージ通りに出来上がったときの喜びは格別です。この本に掲載しているパターンと配色は、たくさんあるパターンの中のほんの一部分ですが、「こんな布使いや色合わせもいいな」と皆さんの参考になれば幸せです。

　パッチワークパターンの色と形は無限に広がっています。ぜひ、大好きな柄と色で楽しんで作ってみてください。

小関鈴子

Evening Star

Lincoln's Platform

Magnolia Blossom

Checkerboard Cross

Spool

Turtle

Friendship Basket

Lily of the valley

Industrial Age

Bright Side

Wheel of Fortune

Chain Link

Contents

Index

この本の使い方

- 本書は布合わせをして実際に縫った例とパターン図を、1ページに1～2つずつ掲載したパターン集です。パターンの形のおもしろさだけでなく、布や色合わせの楽しさを一緒に見て参考になるように構成しています。実際に縫ったパターン例は20×20cm、複雑なパターンは24×24cmがあります。
- パターン図は、自分で製図することを前提に掲載しています。方眼用紙に定規とコンパスで製図してください。製図が難しいパターンは185ページ以降に縮小パターン図を掲載していますので、拡大コピーしてご使用ください。また、各ページは本が大きく開くので好きなサイズに拡大コピーして使うこともできます。ただしコピーする場合は少しゆがむことがあります。
- パターンを使った作品を掲載しています。パターンをそのままいかしたデザインです。作品作りの参考にしてください。
- 基本の縫い方は170ページ、各作品の作り方は177ページ以降に掲載しています。

布合わせ例

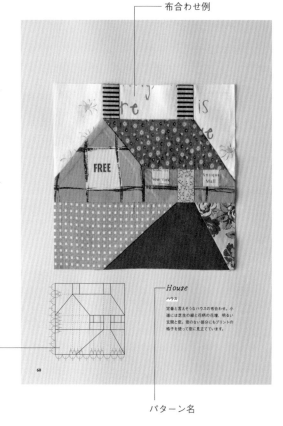

House

ハウス

定番と言えそうなハウスの布合わせ。小道には芝生の緑と花柄の花壇。明るい玄関と窓。窓のない部分にもプリントの格子を使って窓に見立てています。

60

パターン図

パターン名

パターン図と製図について

各ページのパターン図を見て製図します。

1. パターンのサイズを決め、方眼紙にサイズ通りの正方形を書きます。
2. パターンの等分線を数え、何等分かパターンのサイズに当てはめます。例えば20cm角のパターンに6等分ならば3.33cmで等分線を入れます。
3. 等分線のガイドラインを引き、交点を線でつないで製図をします。矢印は円の半径です。コンパスで交点を支点にして描いてください。アップリケと書いているものは、ピーシングのあとにアップリケをします。

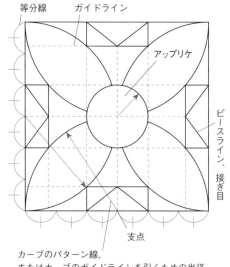

等分線　　ガイドライン

アップリケ

ピースライン、接ぎ目

支点

カーブのパターン線、
またはカーブのガイドラインを引くための半径

具象
パターン

花や鳥など、生き物や物の形や様子を表現したパターン。
形をそのままあらわしたパターンが多いので、
わかりやすくてかわいいのが特徴。

バスケット

バスケットの形を描いたパターンです。

斜めになった形が多いですが、正面向きや何個か集まったタイプもあります。

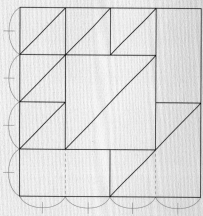

Basket

バスケット

持ち手の部分に落ち着いた赤を使ってメリハリを付けました。バスケット本体にも赤の入った布を使ってつながりを持たせています。

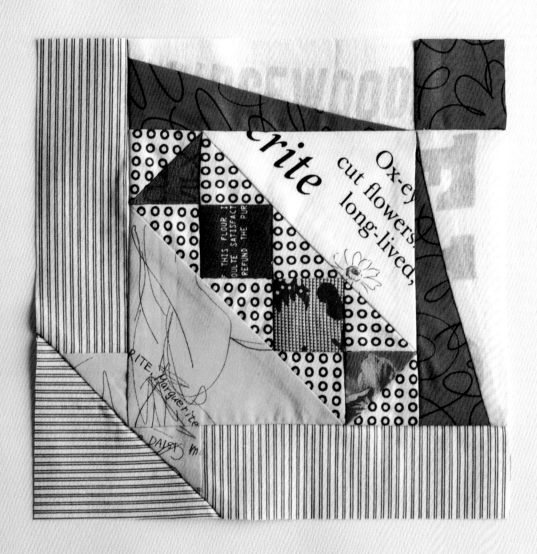

Basket

バスケット

こちらは青い持ち手に黄緑のかごが、さわやかな印象です。バスケットのふちからマーガレットの花をのぞかせて、花かご風に。

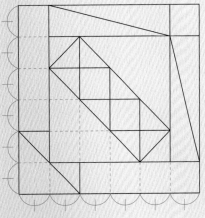

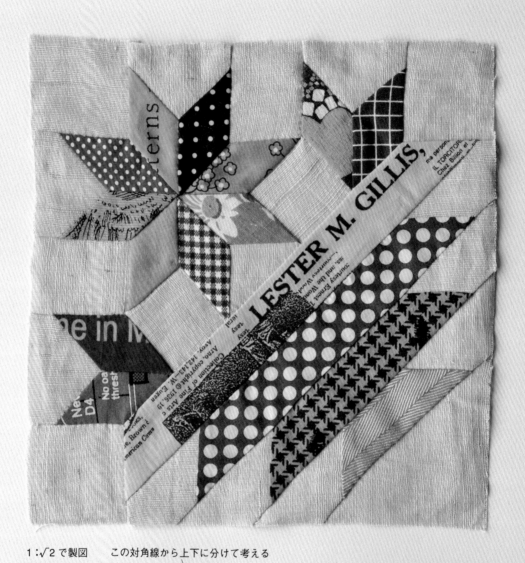

1:√2 で製図 この対角線から上下に分けて考える

Friendship Basket
フレンドシップバスケット

フレンドシップとは友情という意味です。
ベースはざっくりとした質感の布で統一
し、バスケット部分はすべて違う布を使っ
て布合わせのおもしろさを出しています。

● 50%縮小パターン図185ページ

Victorian Basket

ビクトリアンバスケット

ビクトリア朝の装飾性をイメージして大柄
の花柄を使いました。全体としては落ち
着いた色合いで統一しています。

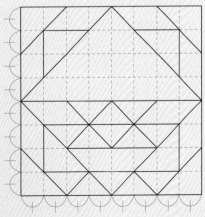

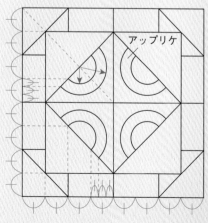

Stamp Basket

スタンプバスケット

アメリカの切手のデザインにもなった、シンプルでかわいいバスケットのパターンです。一つひとつのバスケットは布を揃えてごちゃごちゃしないように。持ち手はカーブの形にカットした布をアップリケします。

アップリケ

Double Basket

ダブルバスケット

2つのバスケットがつながったような形で
す。バスケットにはすべて違う布を使って
いますが、ベースのオレンジがビビッドな
ので逆にまとまって見えます。

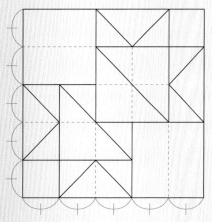

植 物

全体を描いたものや、花の部分だけなど、植物はたくさんのパターンがあります。
自分の好きな花のパターンを探したり、花のパターンだけのキルトにしても楽しめます。

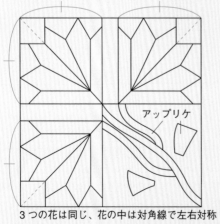

3つの花は同じ、花の中は対角線で左右対称

Lily original

ゆり

リリーは種類の多いパターンです。ゆる
くカーブした茎と葉はアップリケで作り
ます。茎のアップリケのしかたは、175
ページを参照してください。

● 50%縮小パターン図185ページ

Single Lily

1本のゆり

1本だけのリリーです。茎はコーチングステッチでコードを縫い止めているだけ。葉はアップリケです。

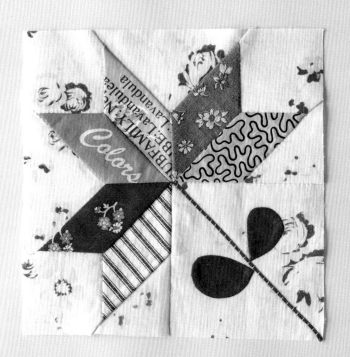

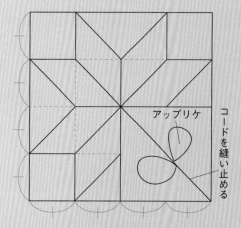

アップリケ

コードを縫い止める

Basket of Lilies

ゆりのバスケット

花とバスケットの組み合わせ。ストライプ、ドット、英字プリントでモダンな印象にしました。

● 50%縮小パターン図186ページ

対角線から左右対称で自由に描く

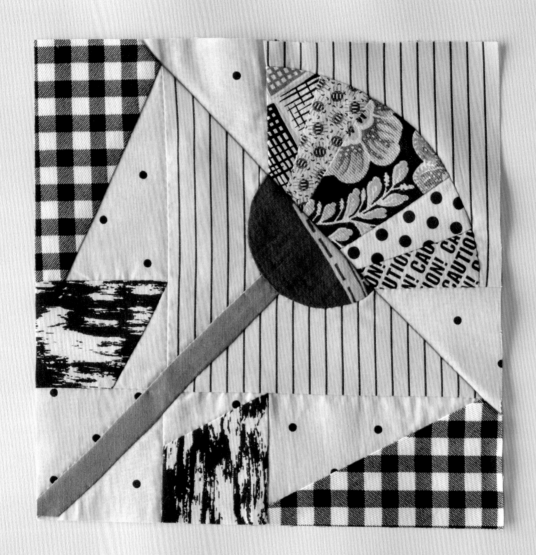

Dandelion

たんぽぽ

たんぽぽらしく黄色をベースにしたいきい
きとした配色ですが、子どもっぽくならない
ように柄選びで、大人っぽくまとめました。

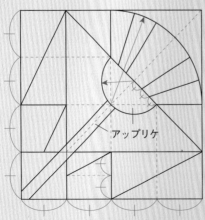

アップリケ

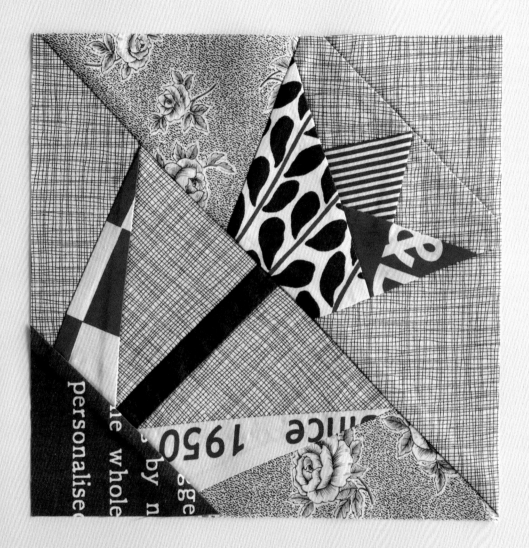

Tulip II

チューリップ Ⅱ

かわいいイメージのあるチューリップです
が、赤、青、白とチャコールグレーでぐっ
とおしゃれに。茎はアップリケではなく、
ピーシングです。

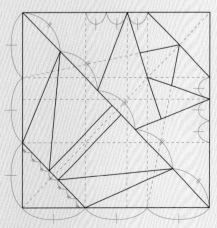

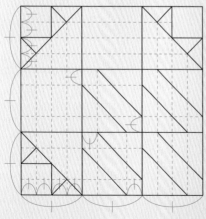

Tassel Plant

タッセルプラント

オレンジとグレー部分は無地を使い、形
を際立たせました。ベースにドットを使っ
て少しポップさをプラス。

Lily of the Valley

すずらん

上はすずらんらしい緑の葉と白い花の色
合わせ、下はもう少しやさしい雰囲気で
合わせました。

ここのカーブはフリーハンド

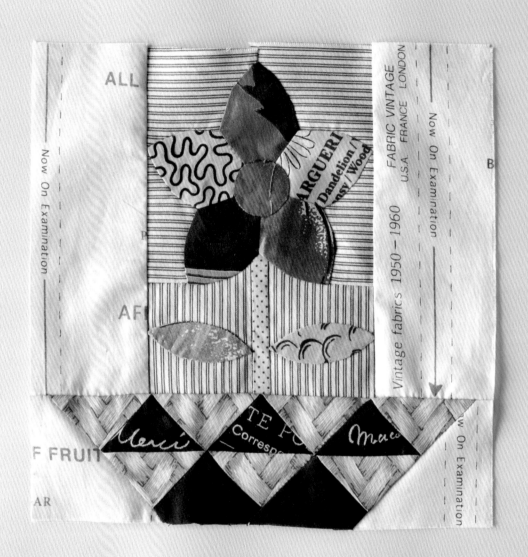

Arkansas Meadow Rose

アーカンソーメドウローズ

素朴でシンプルなパターンです。葉と茎、花芯はアップリケ、花びらはカーブのピーシングです。

● 50%縮小パターン図186ページ

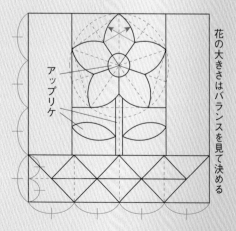

アップリケ

花の大きさはバランスを見て決める

The Flower Pot Quilt

植木鉢のキルト

モザイクのように、四角つなぎで植木鉢に入った花を表現したシンプルなパターン。

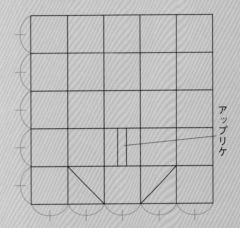

アップリケ

Rose

ばら

三角形でばらの花びらの重なりを表現しています。中心だけ正方形で、あとは大小の三角形をぐるぐると縫い付けます。

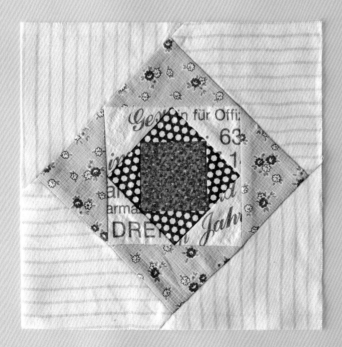

Avalanche Lily

アバランチリリー

ユリ科のエリスロニウム・モンタナムの英
名がAvalanche Lily。大きな花びらはピー
シングです。迫力のあるパターンです。

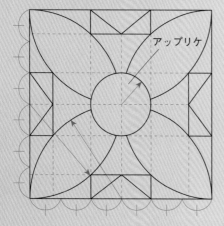

アップリケ

Cocks Comb

けいとう

けいとうの花はパッチワークパターンで
も、鶏のとさかに見えます。赤ではなく、
白とグリーンでシンプルに。

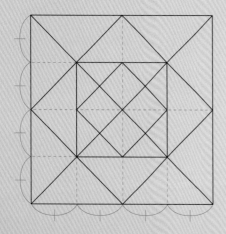

Old Fashion Daisy

昔ながらのデイジー

上下のパターンの布はまったく同じです
が、上はデイジーらしく白で花びらを際立
たせました。

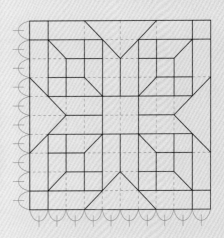

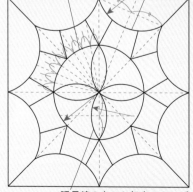

任意の大きさの円　　　　延長線の点から任意のカーブ

延長線の点から任意のカーブ

Magnolia Blossom
もくれん

花を上から見たようなパターンです。カーブやアップリケが多いので、製図をするのも縫うのも難しいパターンです。

● 50%縮小パターン図187ページ

Four Leaf Clover

四つ葉のクローバー

四つの葉は希望、誠実、愛情、幸運を
象徴していると言われています。1枚ずつ
布を変えても、上のようにストライプをつ
なげるのもおもしろい。

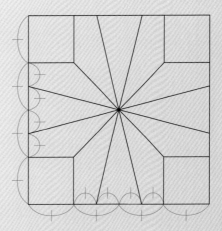

Irish Spring

アイルランドの春

春の芽吹きのイメージです。若々しいグリーンを合わせてシンプルで大胆に布合わせしました。

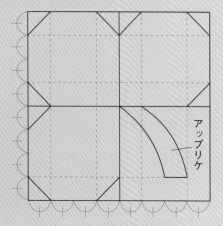

Autumn Leaves

紅葉

黄色、赤、茶色の紅葉した落ち葉です。ひらひらと舞い踊っているようなパターンです。

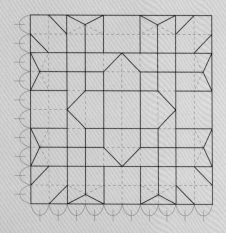

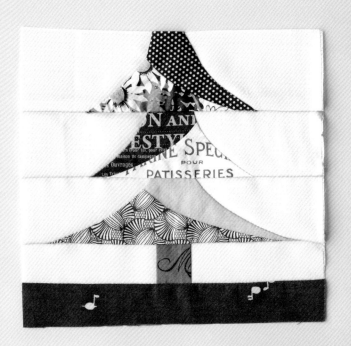

Trail of the Lonesome Pine

1本松の道

3段になっている葉の広がりの上側に濃い色を
使い、メリハリを出しています。

カーブは自由に描く

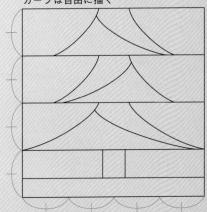

Mushrooms

マッシュルーム

マッシュルームが4つ。同じブロックの向き
を変えて組み合わせただけですが、かわいい
マッシュルームに見えます。

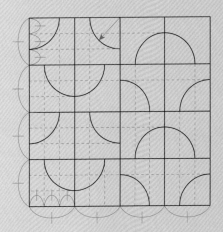

動 物

動物の形をそのままパターンにしているだけでなく、様子など抽象的な形のパターンも
あります。動物の名前の付いたパターンを集めました。

追いかけ縫い

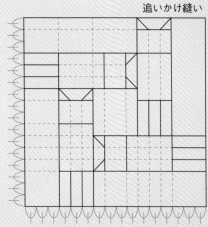

Calico Cat

三毛猫

4匹の猫たちが遊んでいるようにも見え
るパターンです。顔を刺繍してもかわい
い。猫の形に縫い合わせてから、最後
に中央の正方形に追いかけ縫いで縫い
合わせます。

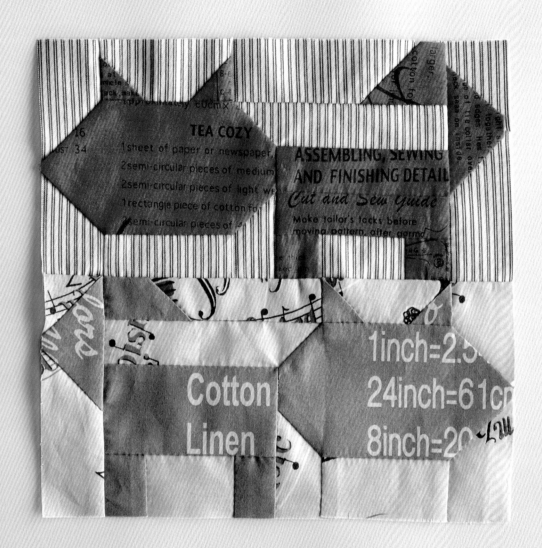

Cats

猫

こちらは2匹バージョン。しっぽを立て
て歩いているようなパターンです。猫部分
はどちらも英字プリントで統一感を出しつ
つ、文字の大きさで差を付けました。

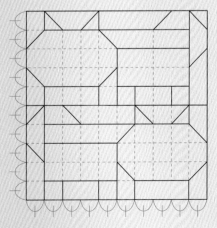

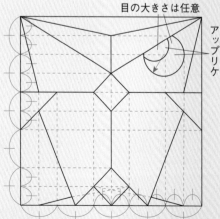

目の大きさは任意

アップリケ

Georgia's Owl

ジョージアのふくろう

ふくろうらしく、茶系の布で合わせました。眠っているのか片目だけのパターンですが、好みでアレンジしても。

● 50%縮小パターン図187ページ

Jonathan Livingston Seagull

かもめのジョナサン

小説『かもめのジョナサン』のように、大空を飛ぶかもめを描いたパターンです。上はかもめのように真っ白の布、下のように柄のある布を使うと飛行機のようにも見えます。

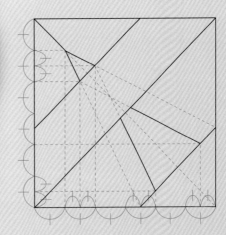

The Big Chicken

大きな鶏

愛きょうたっぷりな鶏です。無地、ストライプ、ドットでシンプルにまとめるとより大胆なデザインのおもしろさが出ます。

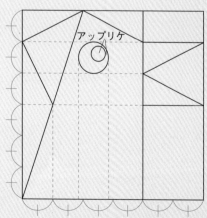

アップリケ

Hen

めんどり

左ページと同じく鶏ですが、全体を描い
たパターンです。ストライプの向きを変え
ることで、頭や羽らしく見えてきます。

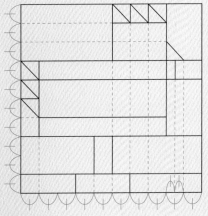

Dove in the Window

窓辺の鳩

シンプルに 2 色の無地だけでまとめました。160 ページのように中心にポイントがあって分割できるパターンです。

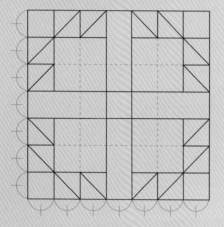

Fox and Geese

きつねとがちょう

きつねとがちょうは、ボードゲームの名前。きつねががちょうを捕まえるか、がちょうがきつねを追い込むか、パターンもわくわくして見えてきます。

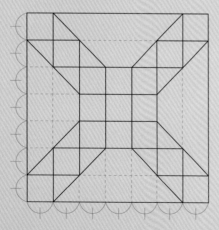

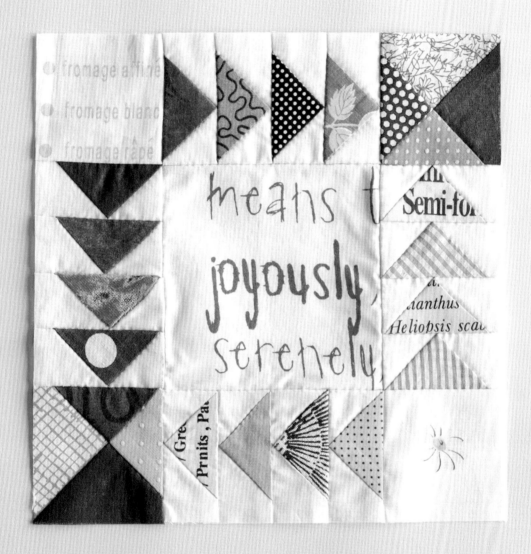

Wild Goose Chase

ワイルドグースチェイス

野生のがちょうを捕まえるのは難しいことから、追いかけっこや無駄な追跡を意味します。同じ名前でクロスや直線に並べるパターンもあります。

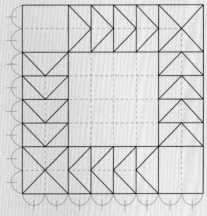

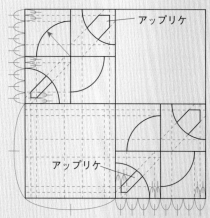

アップリケ

アップリケ

Turtle

亀

かわいい小亀のようなパターンです。こ
こでは亀のパターンを引き立てるように
正方形のピースと合わせていますが、亀
の部分だけでもかまいません。

亀だけを取り出してコースターにし
ました。4分割できるパターンは、
分割して使ってもおもしろい。
How to make → **178 page**

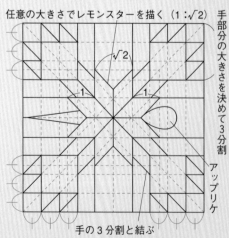

Turtle

亀

こちらは躍動感あふれる亀のパターン。
中心の甲羅部分はパッチワークパターン
の定番、レモンスターの形です。

● 50%縮小パターン図188ページ

Cobra

コブラ

危険なはずのコブラもパターンにするとか
わいくなります。黄色と白でポップに合わ
せました。

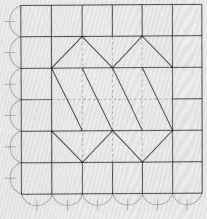

星

星は人気のパターンのひとつですが、星といってもさまざまな種類があります。
とがった角をきれいに出すのがポイントです。

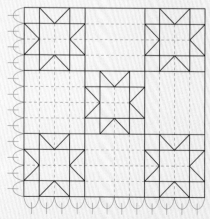

Cluster of Stars

星団

星の集まりを描いたパターンです。いろ
いろな光の星があるように、パターンも
布で差を付けます。

Shooting Star

流れ星

中心の四角に追いかけ縫いをします。黒とペパーミントブルーを合わせた宇宙的なイメージで。

追いかけ縫い

Shooting Star

流れ星

こちらの流れ星は、尾が印象的でスピード感のあるイメージです。少しはでな色合わせで。

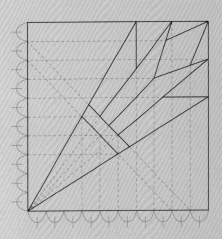

Twin Stars

ツインスター

ふたごのような星です。上は大きさの違う
ドットだけで合わせました。下はヒョウ柄
で少し個性的に。

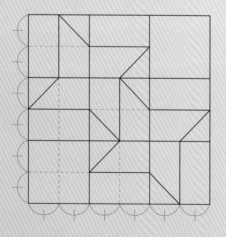

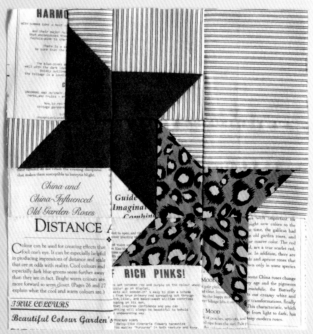

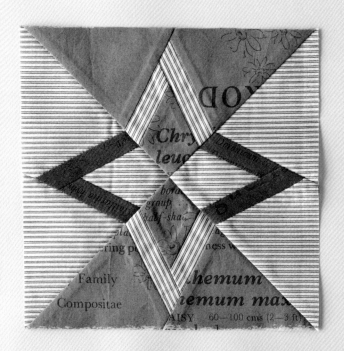

Natchez Star

ナチェズスター

ナチェズとは、アメリカの都市名です。シンプルですが、ストライプのラインをいかして動きを出しました。

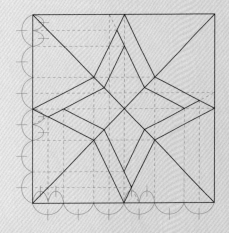

Texas Star

テキサススター

こちらもアメリカの都市名、テキサスです。非対称の星の形がおもしろいパターン。星部分にはすべて違う布を使いました。

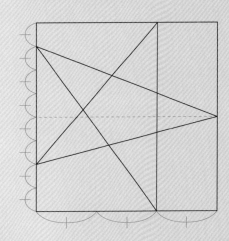

The Old Stars and Stripes

オールドスターズ アンド ストライプス

英字とストライプの方向性をいかしてブロックを複雑に見せています。Stars and Stripes には星条旗の意味があります。

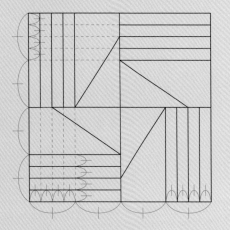

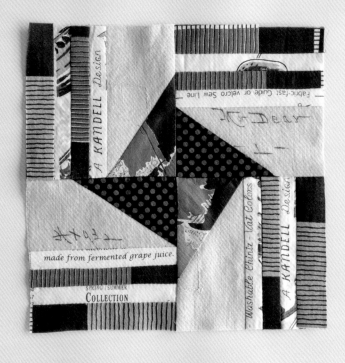

Star of Zamberland

ザンバーランドの星

男性的な色合わせですが、中心に黒ではなく、強くなりすぎないようにチャコールグレーを使うのがポイント。

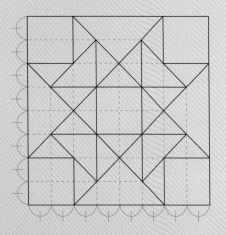

Wisconsin Star

ウィスコンシンスター

星部分が六角なので、下のように六角形
のパターンにもできます。上はトーンを揃
えてやさしい雰囲気に、下はメリハリを付
けた配色です。

● 50%縮小パターン図188ページ

六角形を描いて点をつなぎ、任意の幅を描く

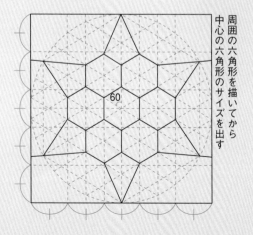

周囲の六角形を描いてから中心の六角形のサイズを出す

60

Grandmother's Star

グランドマザーズスター

六角つなぎの Grandmother's Garden
の花のパターンを中心に合わせた、おも
しろいパターンです。はめ込み縫いが多
くなります。

● 50%縮小パターン図189ページ

Framed Star

フレームドスター

星には赤とアイスグリーンの無地、そのほか
の部分にはグレーのプリントにわけて配色す
ることで、星が際立ちます。

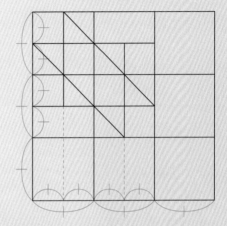

Stacked Stars

積み上げた星

星のとがった部分同士をパズルのようにはめ
込んだパターンです。隣同士の色や柄の差に
気を付けて配色します。

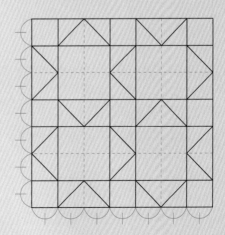

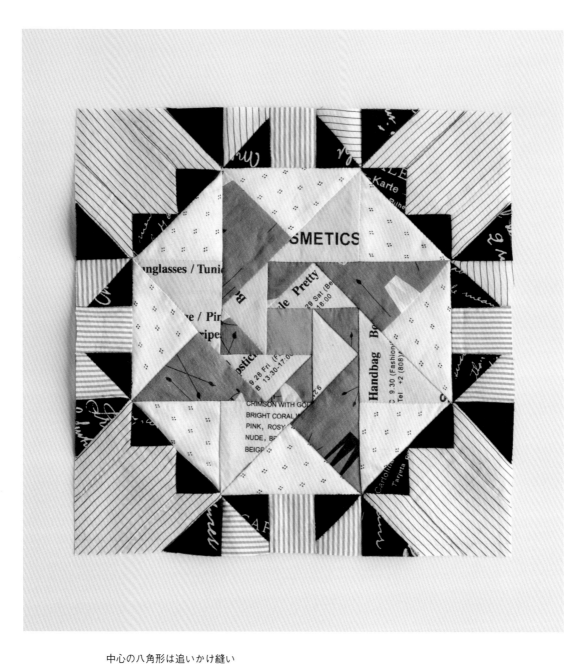

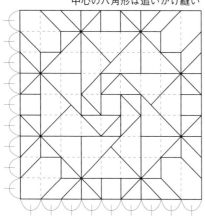

Unfolding Star

展開星

ピースも多く複雑な形なので 24 ×
24cm で作成。中心の星と周囲の三角
形を目立たせます。中心は追いかけ縫い
と、縫い方も少し複雑です。

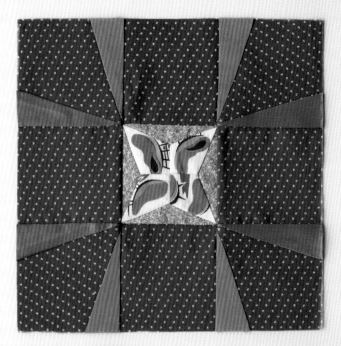

Star Chain

スターチェーン

パターンを何枚か縫い合わせて展開すると、クモの巣のように星同士がつながって見えます。ビビッドな色とさわやかな色で布合わせしました。

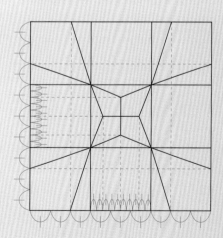

十字架

十字架をかたどったパターンです。
クロスや聖人の名前が付くパターンはほかにもたくさんあります。

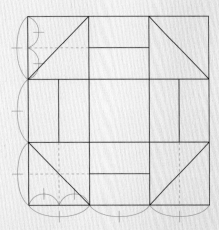

Greek Cross

ギリシャの十字架

ギリシャの十字架は、中央で交差する形が特徴。斜めに交差するパターンもあります。重くならないようにピンクのかわいい配色にしました。

Cross and Crown

十字架と王冠

十字架と王冠はキリスト教の伝統的なシンボルです。パターンとしてもいろいろな形が考えられています。

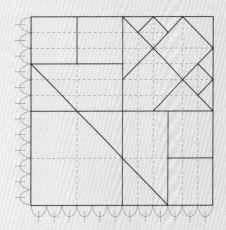

Cross and Crown

十字架と王冠

十字架の上に王冠がのった、植物のようにも見えるユニークな構図。シンプルですが目を引く黄色とスカイブルーの組み合わせで。

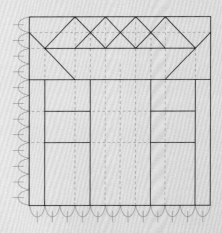

55ページのパターンをポシェットにしました。四隅の正方形をつまんでマチにしています。パターンの分割をうまく使って簡単に作る工夫です。

How to make → **182 page**

Schoenrock Cross

シェーンロッククロス

どちらもグリーン系でまとめた色合わせで
すが、上は秋っぽくしっとりと、下は春っ
ぽく軽快なイメージです。

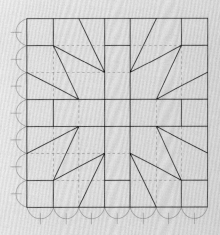

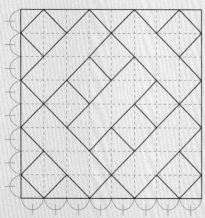

Christian Cross

クリスチャンクロス

ペパーミントと白だけでも、パターンの
形はしっかりとわかります。柄で差を付
けた組み合わせです。

私の定番 1

布を合わせるときに、自然と自分にとって使いやすい色や柄があります。
そんな定番を知っておくと、自分らしい布合わせや特徴となります。
皆さんも自然と選んでいる色や柄合わせを考えてみてください。

好きな色

基本的にはどんな色でも好きですが、ベースにあるのは赤、青、緑。ひと言で赤と言っても、黄色がかったものから深紅までさまざま。選ぶ赤によって合う合わないや、イメージが変わってきます。

赤 左から、えんじ系の赤、カーディナルレッド、カーマイン、ターキーレッドに近い赤。柄によっても色の印象が変わります。

緑 左から、シャルトルーズグリーン、アップルグリーンとフォレストグリーン、いわゆるグリーン、シーグリーンに近い緑。もっと深く落ち着いた緑も大好きです。

青 左から、緑とグレーがかったサックスブルーのような青、サルビアブルー、ネイビーブルー、マリンブルー、ロイヤルブルーに近い青。緑や紫がかっていたり、黒に近い深い青などもすてきです。

好きな柄

無地は好きですが、柄選びもパッチワークの醍醐味です。柄に意味を持たせて選ぶこともありますが、たいていはデザインとして使います。

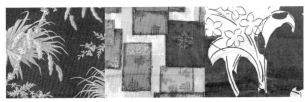

大柄 大柄は使いにくいと考えるかもしれませんが、部分使いができて重宝します。柄を部分使いすれば動きが出ますし、柄のない部分を使えば無地になります。もちろん大柄をそのままいかして大きなピースに使うこともあります。

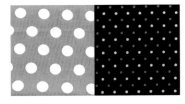

ドット
ドットはマルの大きさと間隔が大事です。それによってモダンにセンスがよく見えたり、無地使いができたりします。右の黒地はよく見ると金平糖柄です。

ストライプ
線の太さと間隔、いわゆるピッチが命です。縦に使ったり横にしたりすることで印象も変わります。ピッチと色の組み合わせで無限にバリエーションがあります。

英字
必ず使うと言っていいのが英字プリントです。単語が読めるように遊び感覚で使うこともありますが、たいていは文字が切れたり読めないように柄として使います。フォントの種類や太さ、大きさで印象が変わるのでイメージを決めて合うものを選びます。

ハウス

煙突や窓の数、家の前に小道が付いていたりと、
ハウスにはわかりやすくてかわいいパターンがたくさんあります。

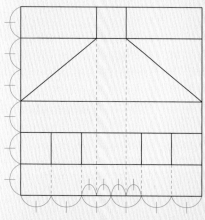

House

ハウス

素朴な形のハウスです。自然がいっぱい
の明るい田舎の家をイメージさせる布合
わせにしました。

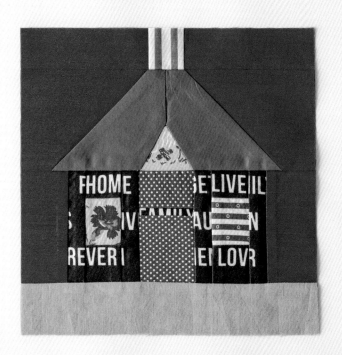

House

ハウス

背景部分に鮮やかな赤を使うことで逆にハウスを浮き出させました。窓から同じ赤い花柄をのぞかせて。

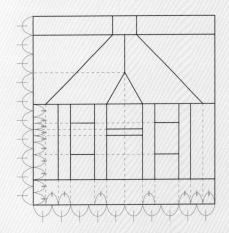

House

ハウス

屋根の大きなピースに個性的な布を使い、抽象画のような一枚に。どんな家にしたいか考えるのもハウスのパターンのおもしろいところ。

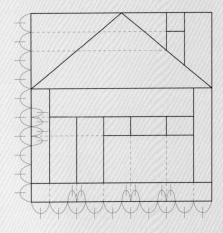

House

ハウス

定番と言えそうなハウスの布合わせ。小
道には芝生の緑と花柄の花壇、明るい
玄関と窓。窓のない部分にもプリントの
格子を使って窓に見立てています。

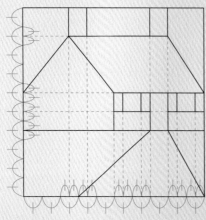

Other patterns

そのほかの具象的なパターンです。

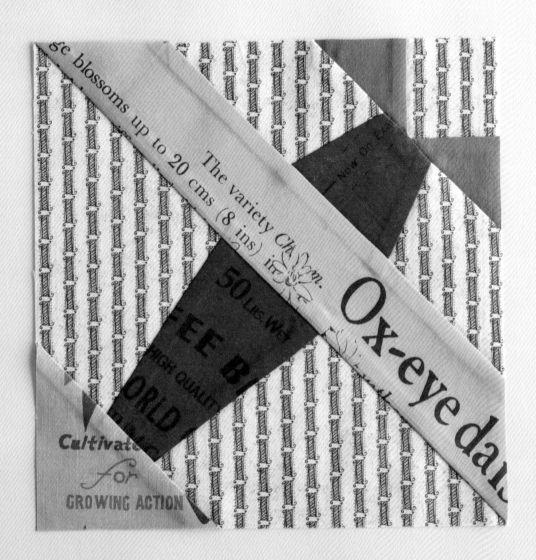

Airplane

飛行機

少しレトロな、おもちゃの飛行機のような
かわいい色合わせにしました。英字プリン
トを使ってオールドアメリカの雰囲気に。

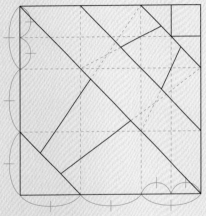

S pool

糸巻き

格子部分に、糸巻きと関連づけたおしゃれアイテムの柄を並べて遊びました。そのぶん色は黄色の無地と青ですっきりと。

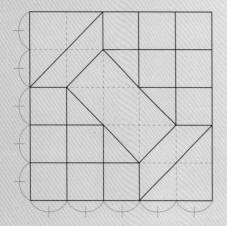

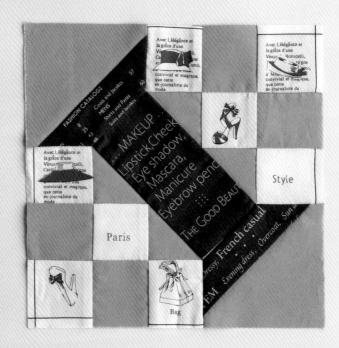

S pool

糸巻き

ひとつでもスプールのパターンですが、4つ並べることでかわいさがアップします。糸巻きの向きを変えてもかまいません。

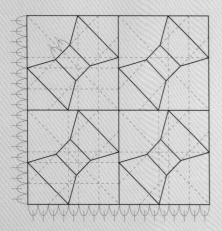

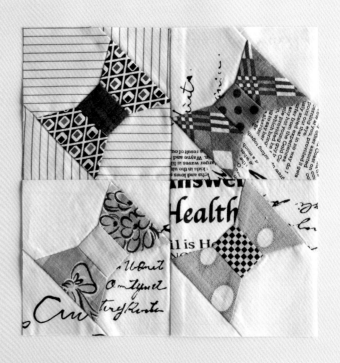

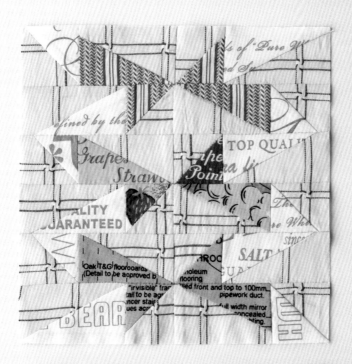

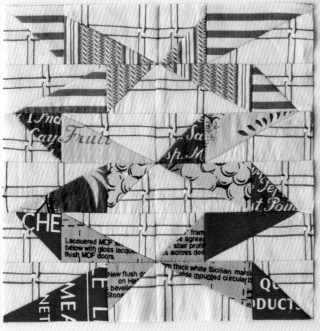

Bow Knots

蝶結び

上下は蝶結びの端の布が違うだけであと
は同じです。端を濃い色にするか薄い色
にするかだけでもイメージが変わります。

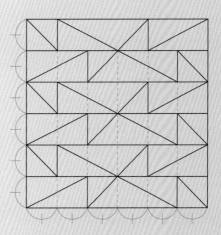

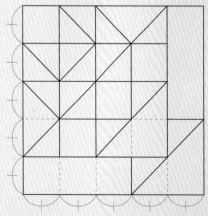

Cake Stand

ケーキスタンド

大人のケーキスタンドの色合わせ。ベースはチャコールグレー、パターンの中にもシックな色を入れて、大人かわいいパターンに。

Soft Serve Ice Cream
original

ソフトクリーム

ソフトクリームのイメージそのままに、ピンクとアイスブルーでキュートな色合わせに。アイス部分の巻きにどんな布を使うかがおもしろいパターンです。

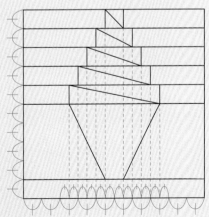

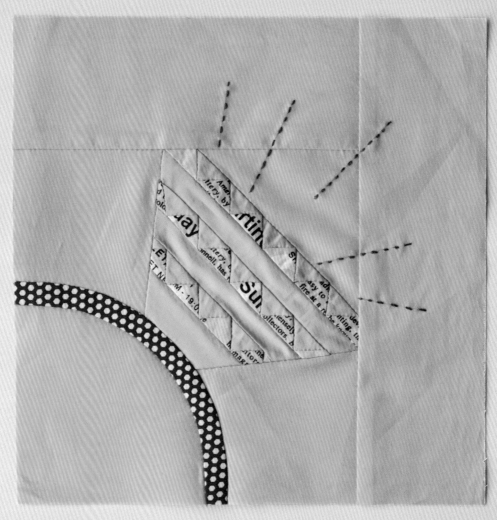

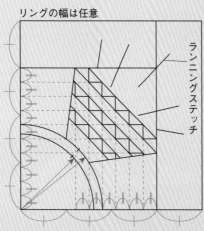

ランニングステッチ

Diamond original

ダイアモンド

ダイアモンドの指輪のパターン。輝きの
ラインはランニングステッチの刺繍で描
きます。ダイアモンド部分はピースが小
さいので角をきっちり出すことを心がけて
ください。

Wedding Ring

ウエディングリング

相性のいい青と黄色の組み合わせです。
花柄を使って明るく華やかなイメージにま
とめました。

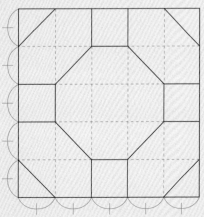

Anvil

鉄床

鉄床とは金属を加工するときに使う作業
台のことです。黒白のストライプや黒の
入った布を合わせて引き締まった印象に。

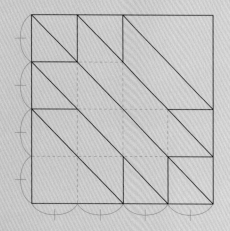

Honeycomb

ハニーコム

ハニーコムとは蜂の巣のこと。たくさん
のバリエーションがあるパターンです。シ
ンプルなピースなので大柄使いも楽しめ
ます。

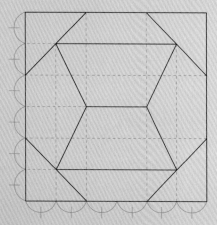

お米のマーク　*original*

The shape of kanji for RICE

漢字の「米」という字をパターンにしました。ミニマルでモダンな日本ならではのパターンです。

アップリケの大きさと位置は任意

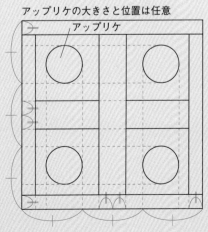

アップリケ

Color Step original

カラーステップ

色無地を使って白との対比で色を強調しました。色部分と同じ色の英字プリントでリズム感が出ています。

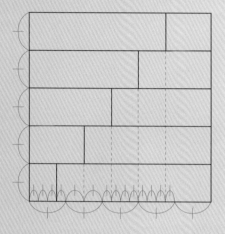

Window

窓

斜めデザインのパターンです。窓から見える部屋の中や外の様子をイメージして布を選ぶのが楽しいパターンです。

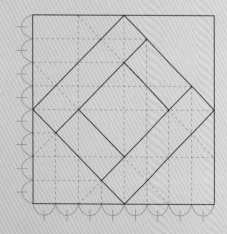

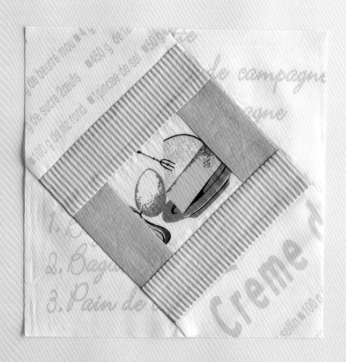

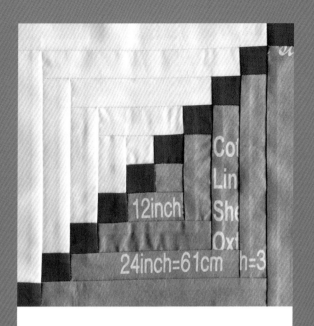

形でわけた
パターン

三角のようにピースの形もあれば、
バッテンの形のように対角線のラインが
特徴的なものなど、パターンに特徴的な部分
または全体の形で分類しました。

ワンパッチ

ワンパッチとは、ひし形、六角形といったひとつのピースのみをつないでできるパターンです。
同じ形を縫い合わせるので、配色がポイントになります。

Baby's Block

ベビーブロック

淡い、中間、濃い色（柄）の3つ
のひし形でひとつの箱の形にしま
す。布の濃淡をわけてから配色す
ると楽です。印から印まで縫い、
縫い代は風車状に倒します。

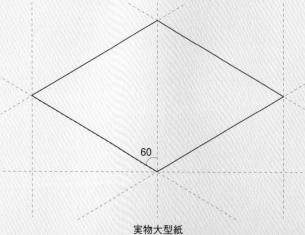

60

実物大型紙

Cotton Reel

コットンリール

三角形4枚で正方形を作ります。濃淡
を組み合わせて形を浮かび上がらせます。
淡色を交互に配置して変化を付けました。

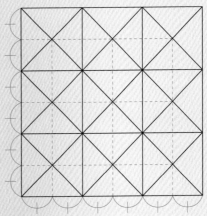

実物大型紙

Compote of Flowers

花瓶の花

花瓶に入った花を六角形だけで描いたパターン。ぬり絵のように、ベースと花と器に色わけします。六角形は横1列に接ぎ合わせて帯状にし、帯同士を縫い合わせます。

Diamond Field

ダイアモンドフィールド

六角形9枚でひとつのダイアモンド形に
します。中心と周囲の6枚で花の形にす
ると「Grandmother's Flower Garden」
という別のパターンになります。

実物大型紙

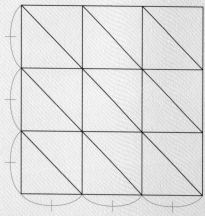

Mosaic

モザイク

三角形をつないだパターンです。三角形
2枚で濃淡を付けて正方形にしたブロッ
クを縫い合わせます。

Tumbler

タンブラー

タンブラーとは大きめのコップのこと。色
とりどりのタンブラーをイメージして布合
わせをしてみてください。

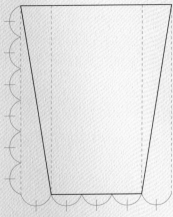

1.5cm角の正方形を108枚つないでいます。はぎれも使えてかわいいポーチです。146ページのナインパッチの2種類のパターンを交互に合わせています。

How to make → **179 page**

私の定番 2

パッチワークキルトではコットンを使うことが多いですが、
どんな素材のどんな布を使ってもかまいません。
また、世の中にはすばらしいデザインや色がたくさんあるので、
関係ないと思うものでも興味を持って見ることが大事です。

素材

少し質感の違う布を入れることで、奥行きやおもしろ
さが出ることもあります。ただ、縫いにくい布もある
ので接着芯をはったりと、注意が必要です。

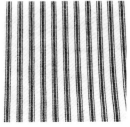

レース地／透けたり、穴があい
ているレース地は、裏にニット
タイプの薄手接着芯をはってか
ら使います。95 ページ参照。

厚手の布／写真は古いベッド
マット用の布。しっかり厚手な
ので小さなピースには向きませ
んがベースにするとすてきです。
34 ページ参照。

ウール／冬用としてウールだけ
で合わせてもかわいいですが、
コットンと合わせて使っていま
す。端がほつれやすいので注意
を。127 ページ上参照。

和布／着物などの古布です。和
布独特の色や柄が魅力的です。
絹が多く、裏に薄手接着芯を
はって使います。141、142 ペー
ジ参照。

リネン／写真は古いリネンでイ
ニシャルの刺繍が入ったもの。
109 ページのように刺繍をいか
して使います。

変わり布／布の中にリボンを折
り込んだ布です。ここまででは
なくても、織りの変わった布や、
毛足の長い布なども使います。
121 ページではビロードを使っ
ています。

好きなもの

紙や箱など、素材としては使えなくてもデザ
インや色が好きなもの。

カラフルなテープ
色の使い方がとて
もかわいい。色合
わせの参考になり
ます。

ポスター、発注書、小箱、ポストカード／これらはプロのデザイナーが考えて商
品として世に出た、完成されたものです。色の使い方やバランスなど、学ぶとこ
ろがたくさんあります。

ログキャビンシリーズ

中心から帯状、台形などの布をだんだんと縫い合わせていくパターンです。
配色によっても名前が変わるおもしろさがあります。

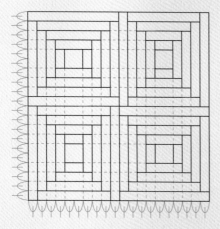

Courthouse Steps

裁判所の階段

中心の正方形の両側に同じ長さの帯状の
布を交互に縫って作ります。中心から四
方に広がる階段のイメージです。隣り合う
ピースの布を揃えると、ひし形のような形
がうまれるのもおもしろいパターンです。

Log Cabin
ログキャビン

中心の正方形に帯状の布をぐるぐると順番に
縫い付けます。対角線から上下に差を付ける、
明暗という配色です。

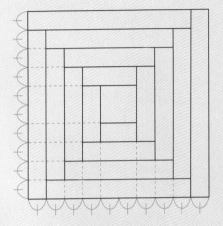

Log Cabin
ログキャビン

こちらも上と同じく中心の正方形からぐるぐ
ると縫うタイプですが、中心の正方形と帯の
太さが同じになっています。

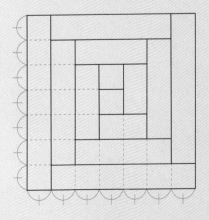

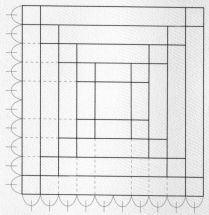

Chimney and Cornerstones
煙突と四柱

パターンをつなげると斜め格子に白いライ
ンがうまれます。隣合うピースの布を揃え
るとまとまりが出ます。

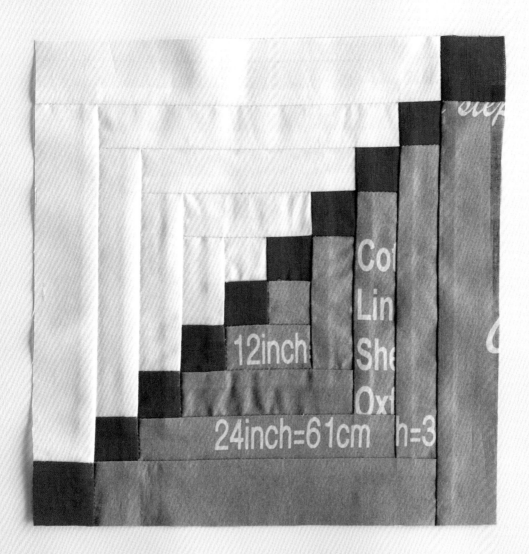

Chimney and Cornerstones

煙突と四柱

こちらも煙突と四柱のパターン。パターンをいくつもつなげる場合、パターンの向きをどう組み合わせるかによって、模様が変わります。

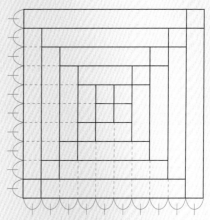

Pineapple

パイナップル

ぎざぎざに広がる様子がおもしろいパターンです。黄色の無地と黒の千鳥格子でメリハリを付けました。

裁判所の階段のパターンを、封筒
のように突き合わせてポーチにし
ました。くるりとひもで巻くだけの
かっこいいデザインです。

How to make → **180 page**

三角形が特徴

三角形のピースが多く、見た目の特徴になっているパターンを集めました。
三角形は布の伸びやすいバイヤス方向が必ずあるので、引っぱらないように縫います。

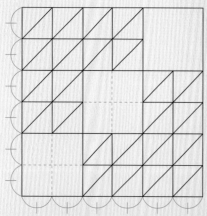

Cut Glass Dish

カットガラスの皿

カット加工をしたガラスの皿という名前のように、きらきらとしたイメージのパターンです。少しエレガントな雰囲気で布を合わせました。

Ice Cream Bowl

アイスクリームボウル

ひんやりとした雰囲気を出すために、青
と白をベースにしました。ちょっと大人の
アイスクリームボウルです。

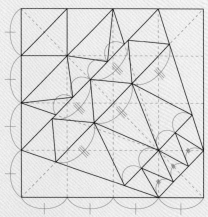

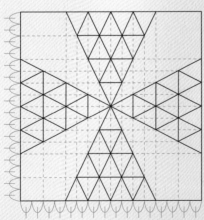

Ships A-Sailling

帆船

船の帆や波を表現しているように見えます。グレーと白の格子でかっこよくまとめ、ベースに手紙のような柄の布を合わせました。

Industrial Age

産業時代

深い緑を使って落ち着いた配色にしました。57 ページで紹介した緑の大柄の布を使っています。部分によって柄と無地で使える例。

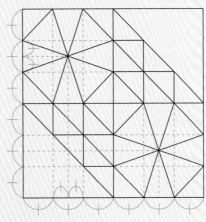

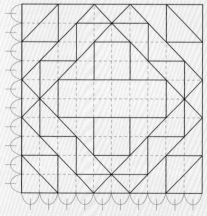

Memory Blocks

思い出のブロック

中心の十字と周囲に広がる三角形が印象
的なパターンです。ストライプの向きを揃
えてごちゃごちゃしないように。

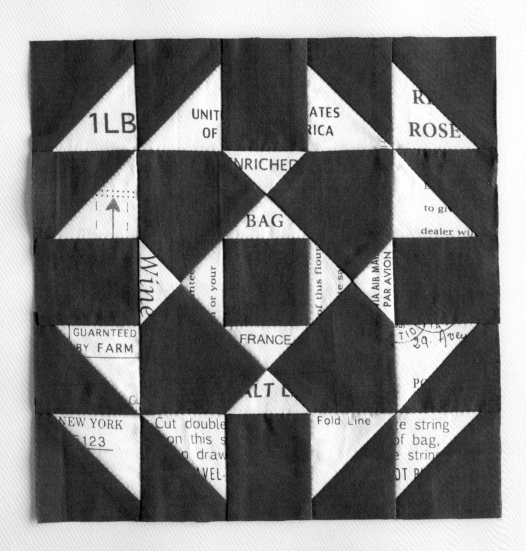

Handy Andy

ハンディアンディ

赤と白はかわいい色の組み合わせですが、
強い印象になります。白の英字はちらっ
とのぞくように配置するのがポイントです。

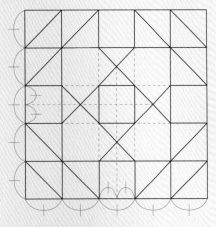

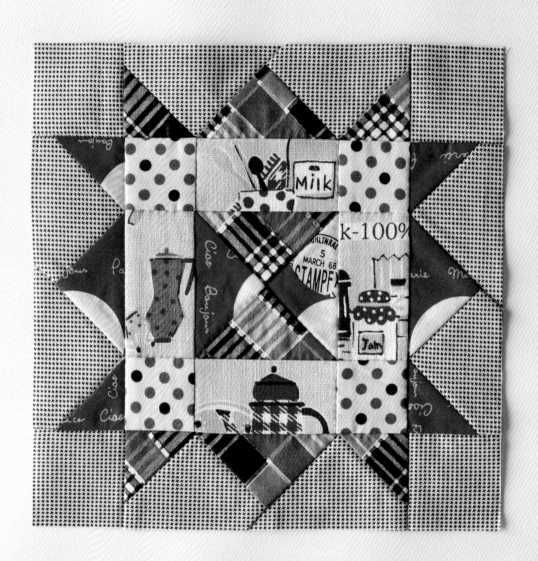

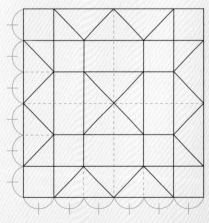

Courthouse

裁判所

裁判所という重々しい名前のパターンで
すが、かわいい布を使ってアンティーク
風の雰囲気にまとめました。

布合わせをしてみる1

実際に布同士を合わせて配色を考えるのは、難しくもありとても楽しい作業です。
プリント布の場合は、いろいろな色や柄が1枚に入っているので布のどの部分を使うかによっても変わります。

2枚を合わせる

まずは2枚の布を合わせることから。色と柄、布の雰囲気をどう合わせるかを考えます。

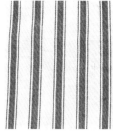

ストライプ×花柄／花柄だけだとフェミニンな雰囲気が強くなるので、ストライプを合わせて甘さを引き締めます。イギリスの壁紙には花柄が多く使われていますが、ストライプとの組み合わせが多くあります。

布の中の1色を合わせる／左の強いオレンジに、オレンジつながりで合わせます。右にはオレンジが使われていませんが、ベースがシックなベージュなのでピンクの文字がオレンジに近いピンクに見えてきます。強い色を単純に見えないようにする布合わせです。

ピンクで大人っぽさを／かわいくなりがちなピンクを黒と合わせて大人っぽく見せます。おしゃれな感じなら千鳥格子、すっきりと合わせるならストライプがおすすめです。これでかわいいだけではなく、ぴりっと引き締まった雰囲気も出せます。

イメージで合わせる

布選びをするときは、全体のイメージを決めてから選びます。自分の中でどんなイメージのパターンや作品にしたいかを考えて、そこに近づけていきます。

若々しい／フレッシュでかわいい、元気が出るような布合わせです。クリアですっきりとした色にわかりやすい柄。青〜緑〜黄色の変化で合わせました。

モノトーン／シックな布合わせ。モノトーンでも、白が生成りがかっているか、すっきりと白いかで印象がずいぶん変わります。白のトーンで揃えるのもポイントです。

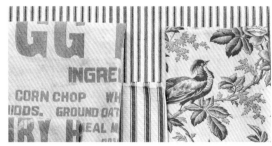

ビンテージやアンティーク／古い布だけを集めましたが、ここに新しい布が入ってもかまいません。左の英字はフィードサック、右はトワレドジュイ。ハードとエレガントな布をアンティークという共通項で合わせます。

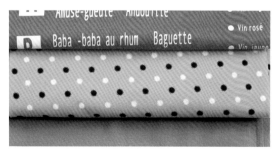

ポスター／ポスターにあるような配色です。シンプルで色数は少ないのに印象的。ぱっと見て印象に残るように作られているポスターは参考になります。

斜めのラインが特徴

斜めのラインが中心で交差するようなパターンです。正方形を斜めに分割してブロックを回転させるタイプもあれば、斜めの帯状のブロックを縫い合わせるものもあります。

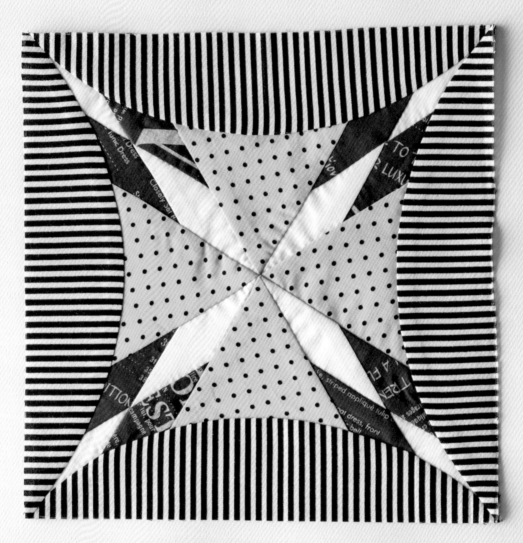

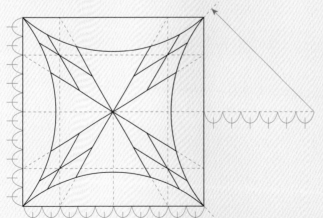

Arabic Tent

アラブのテント

四隅に向かって細く伸びる斜めのラインと曲線が動きを感じさせるパターンです。黒のストライプを使ってシャープでモダンに。

Jack's Blocks

ジャックのブロック

中心の正方形から角に向かって伸びるよ
うな、安定感のあるパターン。強い赤と
個性的な黒に負けないようにレース布を
合わせました。

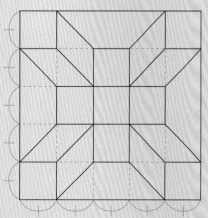

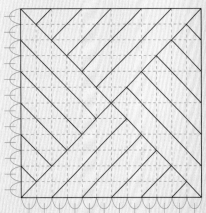

Chevrons

シェブロンズ

山形のストライプのブロックを回転させた
だけのシンプルだけどおもしろいパターン。
はぎれ使いのような布合わせにしました。

Twin Darts
ツインダーツ

対角線で分割した三角形のブロックで考えます。赤とチェックでネガポジになっている矢印です。

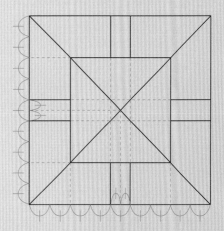

Washington's Puzzle
ワシントンパズル

9分割の四角つなぎを傾けたようなパターン。フェミニンな柄をストライプで引き締めました。ストライプのつながりを考えて。

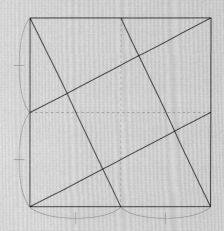

Four Points

フォーポイント

淡い黄色とグレーは相性のいい組み合わ
せです。周囲も細かいギンガムチェック
でさわやかに。

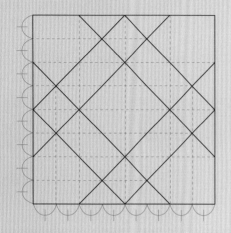

Jacks

ジャックス

斜め正方形の中をさらに分割し、三角形
のピースを縫い合わせます。どこを目立
たせる配色にするかで、イメージが変わり
ます。

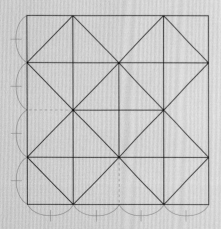

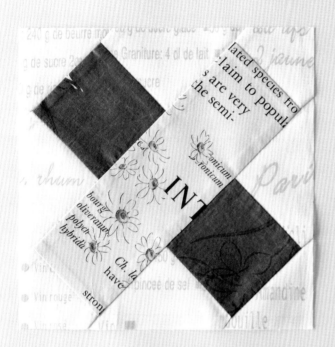

Quilt in Light & Dark

キルトインライト & ダーク

交差するブロックを明暗に配色します。ピースが
大きいので、大柄の布をいかしてもすてきです。

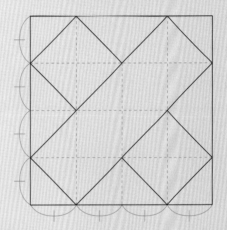

The House Jack Built

ジャックの建てた家

98ページのパターンと似ていますが、斜め正
方形は 3 つの長方形を縫い合わせています。
ベースに大柄を使って動きを出しました。

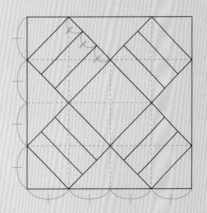

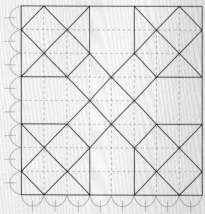

Heather Square

ヘザースクエア

ヘザーとはツツジ科の植物でイギリスが
有名です。細かな枝と葉に花が咲く様子
を表現しているようにも見えます。

Cross and Square
original

クロス アンド スクエア

ストライプを使って斜めのクロスのラインをより強調し、アルファベットの布を配置してモダンデザインのように。

Crossbar

クロスバー

しましまのクロスバーを赤と黒の配色で目立たせます。強い色の組み合わせをベースのプリントで中和してほどよくかわいらしく。

Washington Pavement
ワシントンの歩道

ペールトーンでやさしく落ち着いた雰囲気
にまとめました。英字を使うときは、大き
さや書体を変えるようにします。

Bright Side

明るいほう

赤と黒をベースにした強い配色ですが、
小花柄を使うことで強くなりすぎないよう
にしました。東欧っぽさのある配色です。

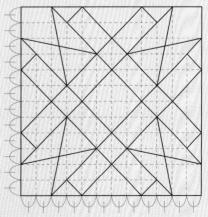

つないで広がる

パターンを何枚か縫い合わせることで広がるおもしろさのあるパターンです。
ピースを共有してつながったり、新しい形が見えてくる楽しさがあります。

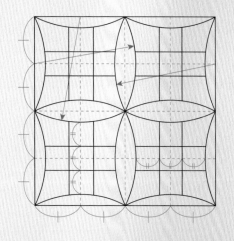

Glorified Nine Patch

グローリファイドナインパッチ

ナインパッチを縫ってからカーブのピース
と縫い合わせます。ナインパッチの濃淡
の付け方はお好みで。

Hook and Ladder

フックとはしご

中心の三角形が上下交互になるように配
色するとリズム感が出ます。三角形がライ
ンとなってつながるおもしろさがあります。

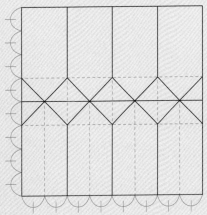

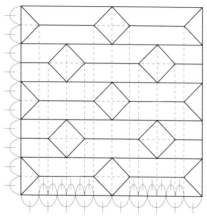

Stick Diamond

スティックダイアモンド

ベースを白っぽい布に統一して、斜めの
正方形を目立たせました。白無地以外は
すべて違う布を使っています。

The World Fair Quilt

ワールドフェアキルト

縦長の六角形と斜め正方形の2つのピー
スだけをつなぎます。はぎれを使ったスク
ラップキルト風の布合わせにしました。

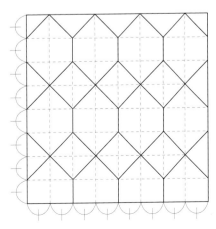

Tallahassee Block

タラハッシーブロック

花のようにも見えるかわいい形のパターンです。中心の正方形はすべてビンテージの布、左上と右下はアフリカンプリントを使っています。

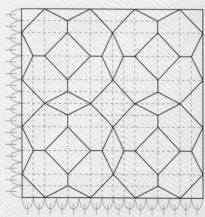

Indian Chief

インディアンの酋長

大きなピースは間が抜けないように、イニシャル刺繍の入った布の存在感がぴったり。つなげるとプリント部分の形も出てきます。

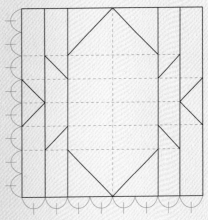

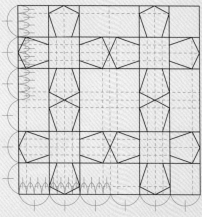

Smith Autograph Quilt
スミスオートグラフキルト

白い部分とプリントの部分のどちらを目立たせるかによって、印象が変わります。プリントは落ち着いたダークな色を使い、白との対比でメリハリを付けました。

Nine Snowballs

9 つの雪玉

かわいい名前のパターンです。パターン
同士を縫い合わせると、周囲の四角のピー
スでつながって広がる様子もかわいい。

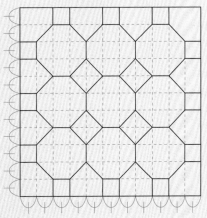

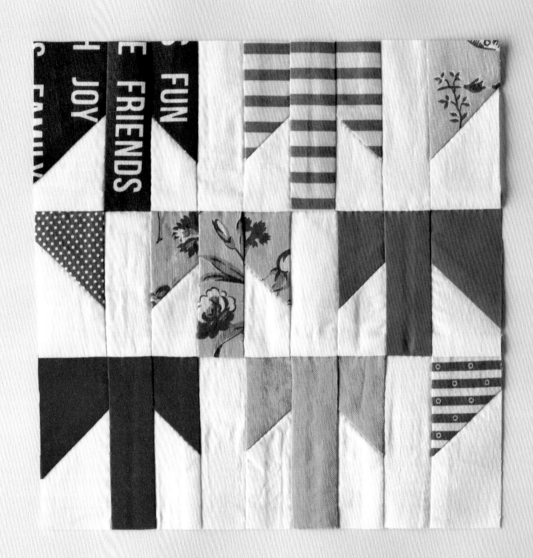

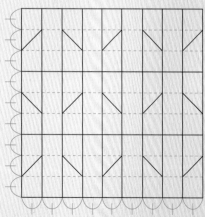

Mixed T

ミックスT

上向きのTと下向きのTがくり返される
パターンです。上下のTがわかるように配
色します。

The Lover's Chain

ラバーズチェーン

ピースを共有しながら、鎖のようにつなが
るパターンです。英字プリントをのぞかせ
ながら赤と白でシンプルに。

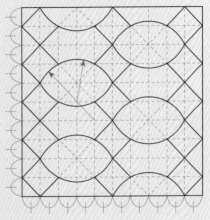

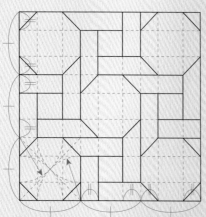

Twist Rope

ツイストロープ

何枚かつなげることでロープのつながり
が見えてくるおもしろいパターンです。大
きなピースにプリントをはめ込む楽しさも
あります。

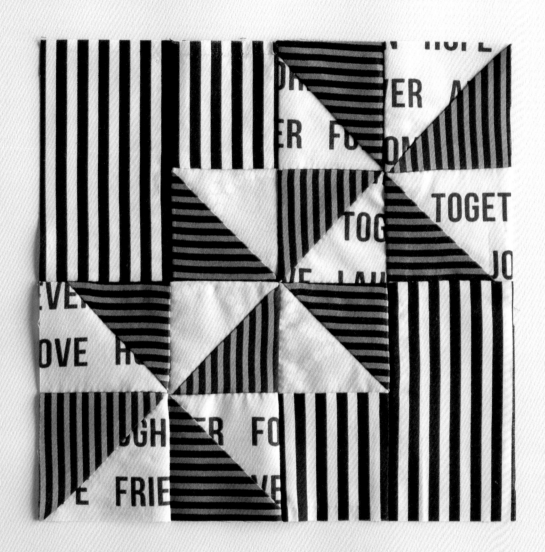

4th of July

7月4日

ストライプでシャープさと方向性を出しました。風車の部分を共有してつなげるか、回転させても新たな模様ができそうです。

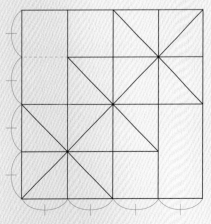

円と1/4円

1枚だけでかわいらしく見えるのが円のパターン。
細かいピースが多く、製図や縫い方も難しいパターンが多いので慎重に縫ってください。

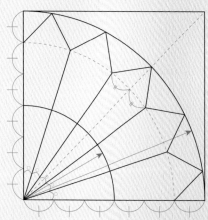

Fan Blades

ファンブレード

青と白ベースにした布合わせはすっきりと
したおしゃれ感があります。1/4円のパ
ターンの中でも円が大きいタイプです。

Flo's Fan

フローズファン

とがった三角形の角をきれいに出すのが
ポイントです。布はすべて違う布を使って
いますが、色数をおさえてシックに。

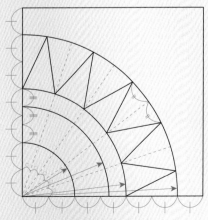

Lattice Fan

ラティスファン

花柄とストライプやドットの組み合わせ。
ピースのサイズに合わせたプリントを使い
ます。

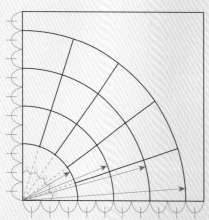

Texas

テキサス

強い色同士のポップな組み合わせです。
星は角に向かって広がるようにストライプ
の向きに気を付けてください。

● 50%縮小パターン図189ページ

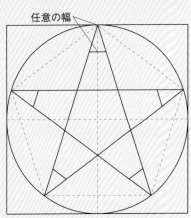

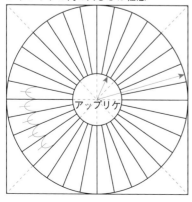

アップリケの円の大きさは任意

アップリケ

Signature

シグネチャー

1/4 ずつ縫ってブロックにし、ブロック同
士を縫い合わせます。白と交互に配色し
てすっきりと。

Wheel of Fortune

運命の輪

運命の輪という車輪の形のパターンです。
ビロードなど光沢のある布を使って、質
感でも変化を付けました。

円の大きさは任意

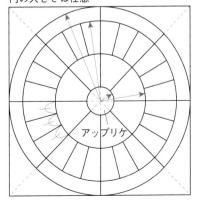

アップリケ

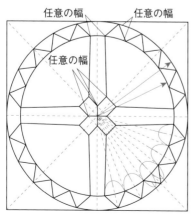

任意の幅　　　任意の幅

任意の幅

Chips and Whetstones

チップス アンド ウェットストーンズ

アンティーク風の色合いでまとめました。
1/4 ずつ縫えないので、はめ込み縫いをします。

● 50%縮小パターン図190ページ

Mariner's Compass

マリナーズコンパス

ピースの数が多く複雑なパターンなので
24cm角で作ります。上下になっているギ
ザギザをメリハリを付けた配色でわけるよ
うにします。

● 50%縮小パターン図190ページ

中心の円は任意

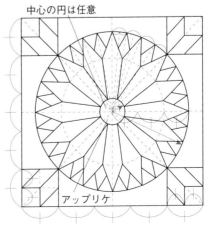

アップリケ

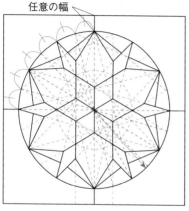

Texas Star

テキサススター

24cm角のパターンです。とがった角が多く、内側と外側に星が重なる複雑な形です。星の形がわかるように配色します。

● 50%縮小パターン図191ページ

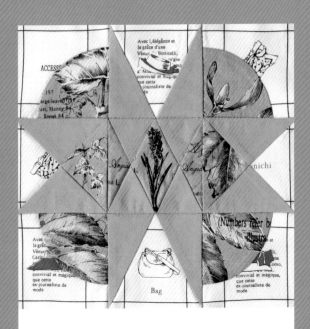

ブロック
で考えるパターン

ブロックにわかれてくり返しで構成し、
分割のわかりやすいパターンと、
応用したパターンを分類しました。
ブロックを縫ってから全体を縫い合わせるので、
縫い方も比較的わかりやすいパターンです。

４つのブロック

パターンの中心で４つのブロックにわかれ、ひとつか２つの同じブロックを回転したり、反転したりしてくり返しで構成しています。

Alice's Patchwork
アリスのパッチワーク

中心のピースを左図のように分割しても、同じ布を使う場合は、写真のようにひとつのピースにしてもかまいません。

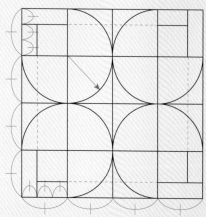

Corn and Bread

コーン アンド ブレッド

カーブのピースの布を統一する配色もありま
す。右下のウールは裏に接着芯をはります。

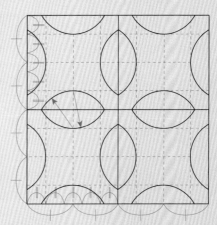

Give and Take

ギブ アンド テイク

つなげると中心に円ができるパターンです。
円かひし形かどちらに注目するかで見え方が
変わります。

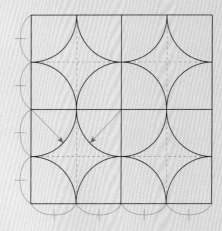

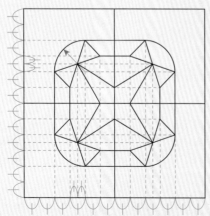

Oklahoma

オクラホマ

ネガポジの配色です。差がはっきりしている色合わせのほうがネガポジの配色がいきてきます。

Fox Chase

フォックスチェイス

1/8 の三角形のブロック 2 つをネガポジ
で配色して 1/4 ブロックを作ります。1/4
ブロックを回転させて構成します。

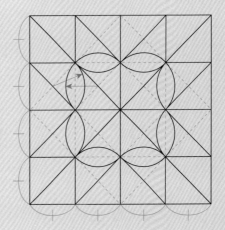

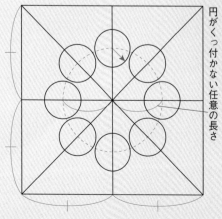

円がくっ付かない任意の長さ

Wonder of the World

世界の不思議

円の形をわかりやすくするために、シンプルな配色にしました。円とベースではストライプの向きを変えています。

Bases Loaded

満塁

微妙な色違いのピンクでまとめました。方向
性のある花柄を使うときは、向きに気を付け
て布をとります。

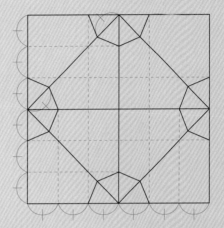

End of the Day

1日の終わり

黄色と青でまとめた配色。青側の白地は密
度のある小紋、黄色側の白地は英字で統一
し、差を付けました。

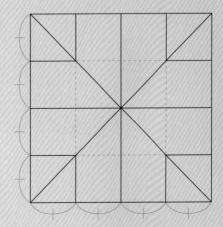

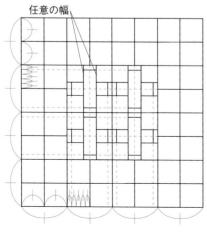

任意の幅

Checkerboard

チェッカーボード

市松格子の中心に十字を4つ並べて変
化を付けたパターンです。無地同士を合
わせてすっきりと。

Checkerboard

チェッカーボード

中心に八角形を入れたパターン。チェッカーボードと言えば黒白が定番ですが、中心だけカラフルに色を変えました。

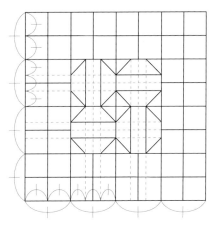

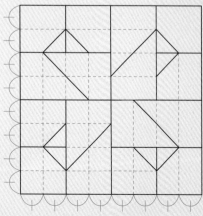

Colombian Puzzle

コロンビアパズル

1/4 ずつ回転させて構成するパターンです。隣り合うピースは同じ布を使ってつながりを持たせています。

パターンを分解して、1/4ずつで
コースターにしました。4枚でひと
つのパターンですが、1枚ずつでも
幾何学模様が美しいコースターに
なります。

How to make → **181 page**

Coming Home

風車のようにも矢印のようにも見えるパ
ターンです。色数を限ってまとめると形が
わかりやすくなります。

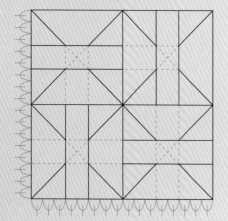

Left and Right

左と右

Chevron とも呼ばれるパターンです。シ
ンプルな構成なので、布の質感や大柄で
変化を付けるとおもしろく見えます。

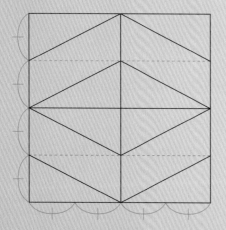

Pudding and Pie

プディングとパイ

それぞれに違うプリントを使っているので
わかりにくいですが、中心にも風車のよう
な同じ模様が浮かび上がります。

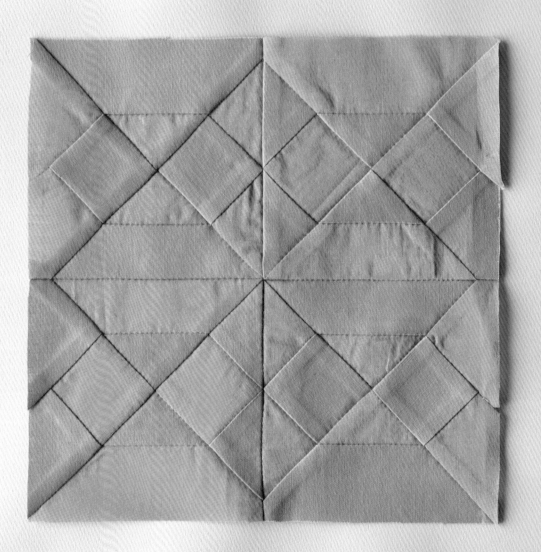

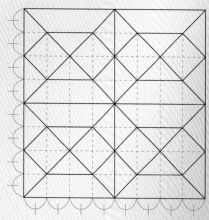

Winning Team
ウイニングチーム

1/4ブロックを同じ向きで並べてネガポジ
の配色にしたパターンです。無地はネガ
ポジの配色がはえます。

Spinning Wheel

糸車

上は3枚の布だけでまとめ、下は1枚だけを共通にした布合わせです。上の方がパターンの形がよくわかりますが、下は配色のおもしろさがあります。

Salt and Pepper

塩とコショウ

大人っぽいシックな配色です。シンプルな
パターンなので、光沢や畝のある布を使っ
て質感でおもしろさを出しました。

The Sprite

スプライト

2種類のブロックで構成するパターンです。下は大きなピースに和布のちりめんを使っています。和布の色と質感がいいアクセントになります。

任意の幅

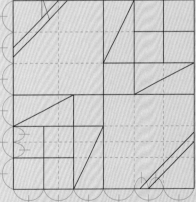

Identical Twins

一卵性双生児

鏡に映したように上下が反転したパターン
です。布はすべて和布の古布を使ってい
ます。

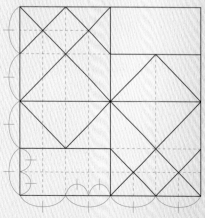

Blazed Trail

ブレイズドトレイル

紫の花柄を目立たせるために、淡いグリーン
のプリントを合わせました。じゃまにならず、
無地でもない便利な布です。

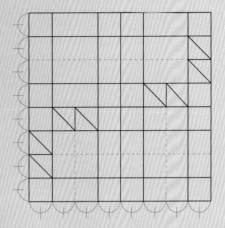

Tam's Patch

タムズパッチ

四角だけで構成している縫いやすいパターン
です。大柄を楽しむ布合わせにしました。

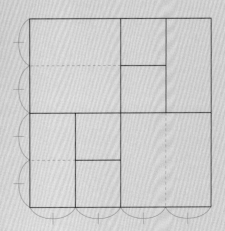

布合わせをしてみる2

93ページでは数枚の布を合わせましたが、次は実際にパターンに合わせて考えます。

パターンへの布合わせ

布同士で見たときは合っていても、実際にパターンに合わせてみるとイメージが違うことがあります。どのピースに合わせるか、合わせたピースの大きさと柄の大きさが合っているかなどによります。布を差し替えながら、納得のいく配色を目指します。バスケットのパターンを例に考えます。

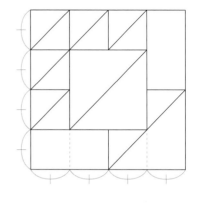

ほぼ完成パターン2種類

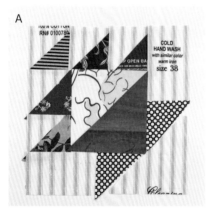

A

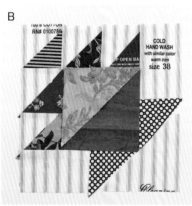

B

中心の三角形は、A、BどちらでもOK。Bの織り模様の布にする場合は重厚なイメージになるので、下の三角形がドットでは弱い気がしてきます。そのときはCのようにビロードの布に変更しても。

1. 最初に選んだ布

緑、茶系などの深いシックな色と白ベースの英字プリント。この段階ではかなり落ち着いた色合いです。布をパターンのサイズに合わせて折り、様子を見てみます。

白地はベースの布、黄色と茶色は小さな三角形用に。

中心の大きな三角形用に、白の英字とビロードの布。

下の三角形用にドット。

2. 次に選んだ布

1の布だけではポイントにかけるのでさらに布を選びます。

ベースの布を変えます。格子とストライプに英字をチョイス。格子は少しうるさい感じがするかもしれません。

小さい三角形の布を追加。黄色は鮮やかすぎるので、1の黄色のほうが合うかも。

中心の三角形に大柄をチョイス。無地と柄の両方を使えます。

C

9つのブロック

パターンが9つのブロックにわかれ、1〜4つの同じブロックを回転したり、
反転したりしてくり返しで構成しています。

Beggar's Blocks

ベガーズブロック

ひとつのブロックを縦横に配置して構成
したパターンです。糸巻きとボビンという
似たパターンもあります。

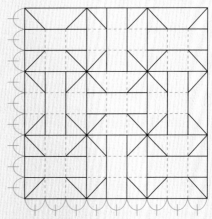

Nine Patch

ナインパッチ

いちばんシンプルな正方形のワンパッチのパターンです。白地は白の手描き風ストライプ入りです。

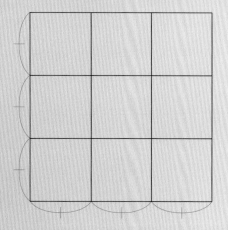

Nine Patch

ナインパッチ

上のナインパッチと配色を反転させました。白地部分にも白ベースのプリントを使い、少し複雑さを出しました。

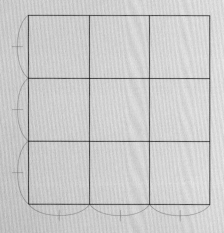

Nine Patch Crazy Quilt

ナインパッチ クレイジーキルト

プリント部分をクレイジーキルト（自由に布を縫い付けていく方法）にしたアレンジ。小さなはぎれも使えるアイデアです。

自由にピーシング

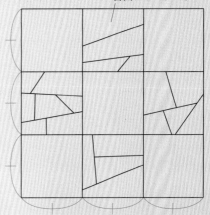

Nine Patch の バリエーション *original*

ナインパッチのバリエーション

ナインパッチの縦の分割を、中心のブロックが広くなるように変えてみました。ナインパッチとはまったく違うパターンに見えます。

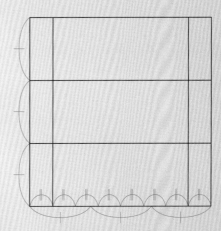

Shoo Fly

シューフライ

三角形と四角形のみで構成するパターンです。左上のストライプのみ、向きを変えて動きを出しています。

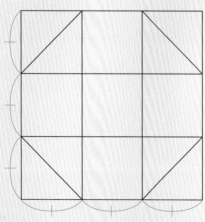

Triplet

トリプレット

3つ揃いや三つ子という意味のパターンです。
ボトルグリーンの深い緑と白の組み合わせを
ネガポジの配色に。

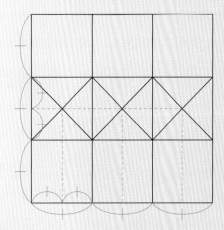

Triplet

トリプレット

こちらも上と同じ名前のパターンです。ベー
スは同じ花柄で統一しました。3つの個性を
意識した配色です。

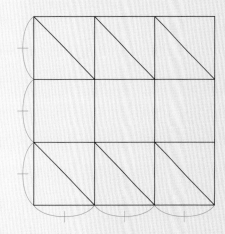

Kaleidoscope

万華鏡

星のように広がった三角形がくるくると変
化するようなイメージで。

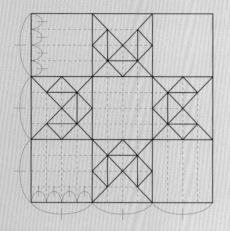

Rule Britannia

ルールブリタニア

上のカレイドスコープと星の形は同じで
すが、中の分割が違います。赤、青、黄
色の濃淡でシンプルな配色です。

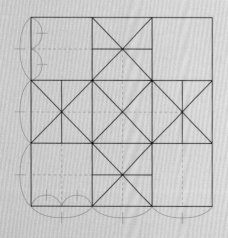

Nevada

ネバダ

赤と白だけの組み合わせ。小さなドット
の布を入れることでぐっとかわいらしい雰
囲気になります。

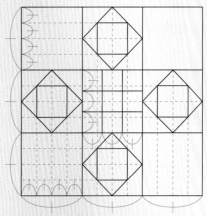

Dipsy Doodle

ディプシードゥードゥル

パターンサイズに比べて三角形のピース
が小さいので、鮮やかな赤を使って強調
しました。

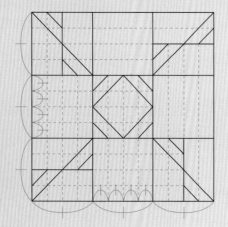

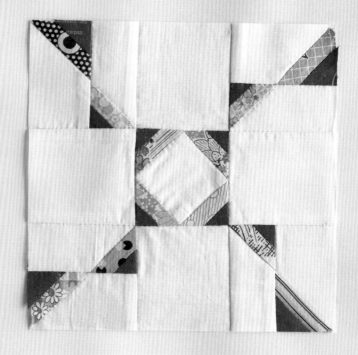

Nine Patch Cross

ナインパッチクロス

青と黄色は相性のよい組み合わせ。角に
青のストライプを使って、外に広がってい
くような効果を出しました。

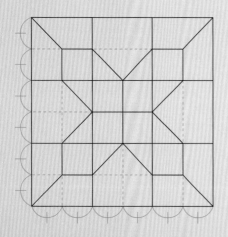

W.C.T Union

W.C.T ユニオン

手書きの英字プリントがすっきりしすぎ
ず、動きを出してくれるのでいいアクセン
トになっています。

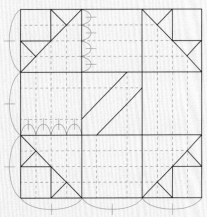

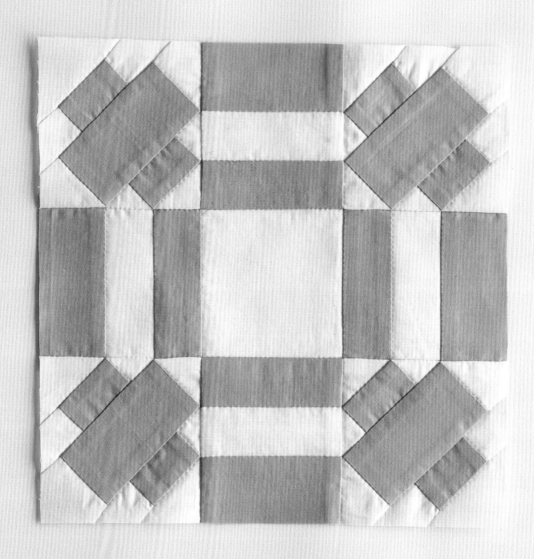

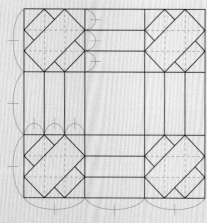

Dutch Puzzle

オランダのパズル

パターンを何枚かつなげるとブロックを共
有して展開するのがおもしろいパターンで
す。パターンの形がわかりやすい無地2
色で配色しました。

Indian Hatchet

インディアンの手斧

ハチェットとは手斧のこと。写真のように
布合わせをすると、ぐるぐる回る矢印の
ようにも見えます。

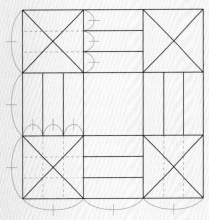

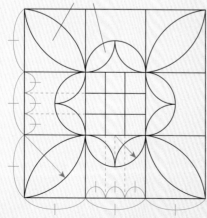

アップリケ

Blue Blazes

青い炎

オレンジは紺と組み合わせると落ち着い
て見えます。紺は無地、ドット、花柄とも
同じ濃さの布で揃えました。

Broken Circle

壊れた円

あっちこっち壊れてばらばらになった円の
パターンです。円はすべて違う布を使って
より動きを出しました。

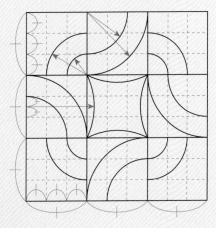

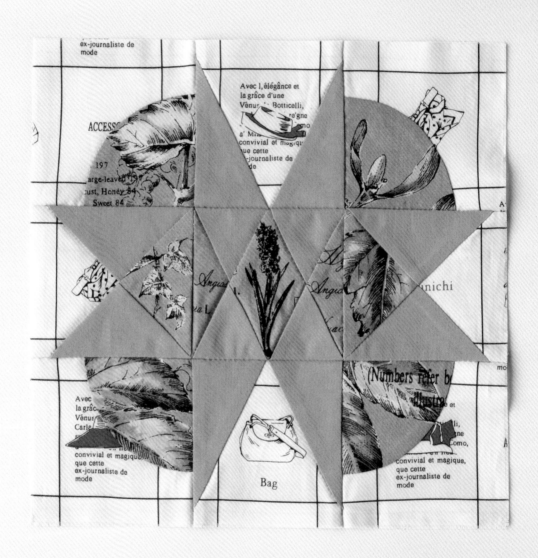

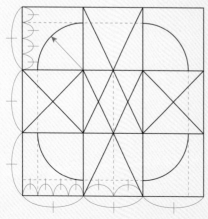

Bush's Points of Light

ブッシュズポインツオブライト

黄色で光の瞬きを表現しました。曲線と
直線が交差して広がりを感じさせるおも
しろいパターンです。

Carnival

カーニバル

9つのブロックのアレンジパターン。ブロックの対角線を分割して斜めのラインを引きます。カーニバルらしく華やかに。

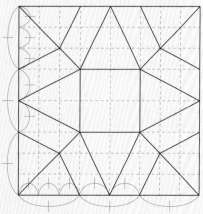

中心にポイント

中央で縦横に交差するパターンや中心にポイントがあるパターンと、そのアレンジです。

追いかけ縫い

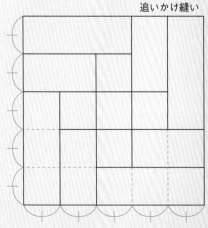

Crossing

クロッシング

中央の正方形に周囲の長方形のブロックを追いかけ縫いでぐるぐると縫い合わせます。文字の向きを揃えると安定感があります。

Monkey Wrench

モンキーレンチ

5分割のわかりやすいパターン。形は同じで
分割の違うパターンがいくつかあります。

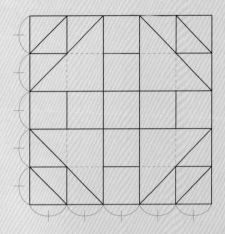

Double R

ダブル R

中央の1本の帯とその両側にわかれるパター
ンです。左右対象に布合わせしていますが、
左下だけ濃い緑にして変化を付けました。

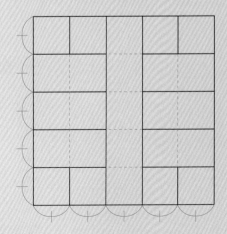

Star and Cross

スター アンド クロス

プリントの中にある赤と水色に合わせて
配色しました。中心の交差を目立たせる
パターンです。

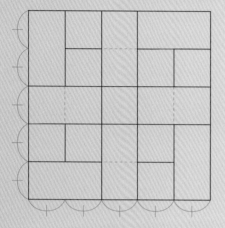

Tete A Tete

テイタテイト

中央と4つのブロックにわかれる単純そ
うに見えるパターンですが、ブロックの分
割は細かくなります。

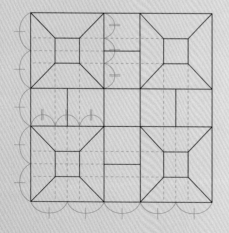

Fanfare

ファンファーレ

中心から四方に広がる帯にはすべて違う
布を合わせましたが、3本のうち両側2
本を同じ布にするのも定番の配色です。

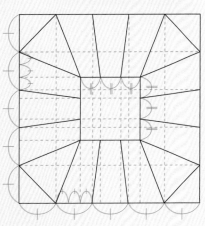

Nocturne

ノクターン

ノクターンとは夜想曲という意味ですが、風車のようにも見えるパターンです。しっとりと落ち着いた色合わせで。

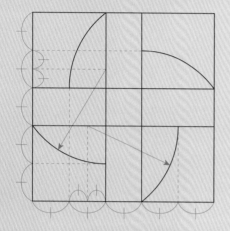

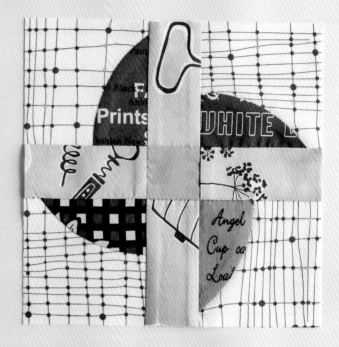

Sacrament

サクラメント

サクラメントとはキリスト教での神の恩寵を表す言葉。カーブの交差部分の配色を変えることで複雑なパターンに。

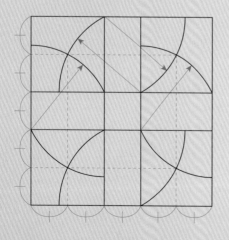

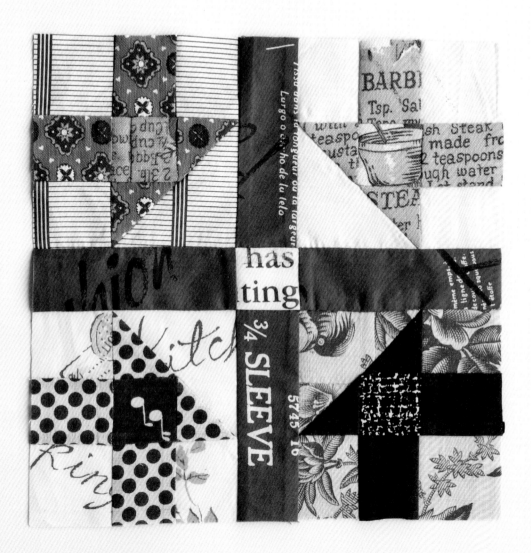

Lincoln's Platform

リンカーンの演壇

中央の帯の幅で7分割されるパターンで
す。それぞれのブロックのテイストを揃え
つつも個性的な布を合わせました。

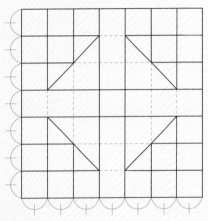

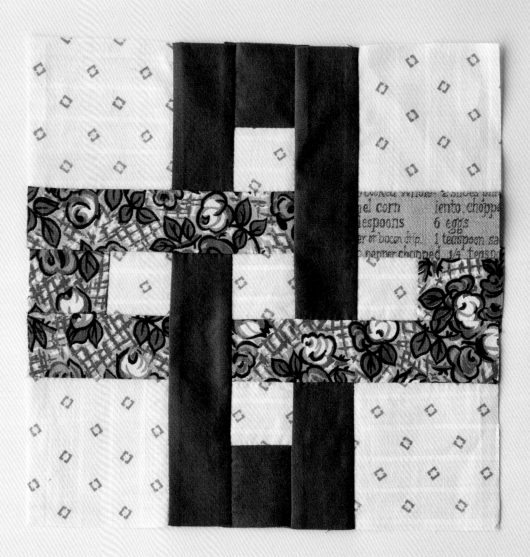

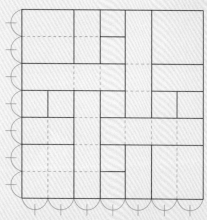

Chain Link

チェーンリンク

チェーンが組み合わさった知恵の輪のようなパターンです。2つのチェーンがわかるようにシンプルに配色します。

横のチェーンを黒で統一してつなが
りを持たせました。1か所だけ白を
入れて遊びも忘れずに。シックで
かっこいい色合わせです。

甲山幸子

How to make → **184page**

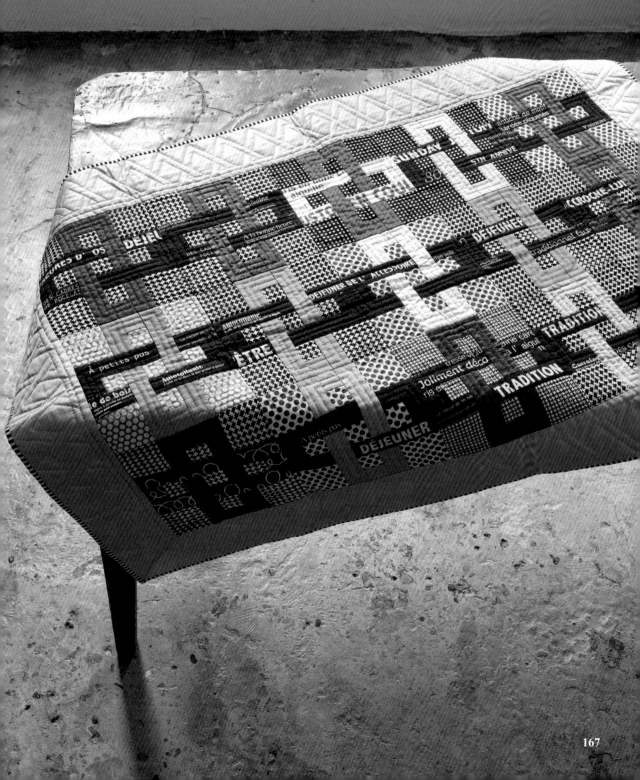

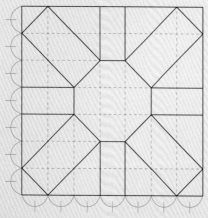

Midsummer Night

真夏の夜

個性的な布同士を、定番のストライプや
無地をはさむことで合わせています。中
心は正六角形ではないので注意を。

Fields and Fences

フィールド アンド フェンス

上下の3枚の布は主張の強いプリントで
す。このような布同士を合わせるときは、
全体のトーンや色が揃っていることが大
事です。

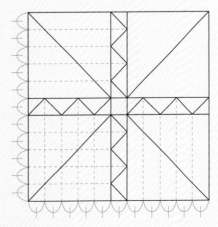

パターンの縫い方 型紙の作り方から、パターンを縫うときに必要な縫い方を解説します。

● 型紙作りから布のカット モザイクのパターンで解説します。テンプレートシートを使って型紙を作ります。

1 パターンの実物大図案の上にテンプレートシートを重ね、ずれないようにテープで止めます。Bの鉛筆で図案の角を点で印を付けます。

2 図案からシートをはずし、点と点を定規で結んで線を引きます。角は点よりもはみ出して線を引いておきます。

3 紙切りばさみで印通りにカットします。これで型紙ができました。

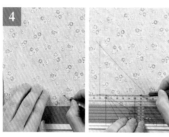

4 パッチワークボードのサンドペーパー側に布の裏を上にして乗せ、型紙を合わせて角を点で印を付けます。型紙をはずし、点と点を定規で結んで線を引きます。ここでも点からはみ出して線を引いておきます。

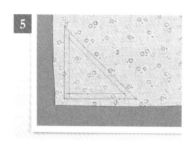

5 印から0.7cm外側に縫い代の印を付けます。0.7cmの目盛りのあるパッチワーク用定規を使うと便利です。

6 布用のはさみでカットします。必要枚数のピースを同様にして作ります。

● 基本の縫い方 布端から布端まで縫う、いちばん基本の縫い方です。

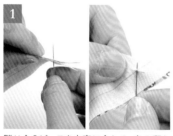

1 隣り合うピースを中表に合わせ、角の印と印を合わせてまち針を布に対して垂直に刺します。指で布をしっかり押さえ、0.2cmほど小さくすくいます。

2 両端、中心、その間の順にまち針を留めます。縫い代を0.7cmに揃えてカットしているので、布の端が合っています。

3 角の印より2針外側から針を入れます。印付けのときに、角より外側にはみ出して書いた線を目安にします。ひと針返し縫いをして縫い始めます。

4 細かい針目で印の上をまっすぐ縫います。まち針の手前まで縫ったらまち針をはずし、縫い進めます。

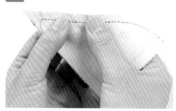

5 端まで縫えたら縫い目を指でしごいて縮みを伸ばします。バイヤス地の場合は伸びやすいので、押さえるようにしてそっと伸ばします。

6 印から2針外側まで縫い、返し縫いをして玉止めをします。

7

縫い目の上にアイロンを当てます。このときも伸ばさないように注意します。

8

布をめくってひらき、縫い代を片方に倒した状態（片倒し）で縫い目のきわにアイロンをかけます。きせがかからないように。

9

飛び出た余分な縫い代をカットします。

10

縫い代は目立たせたい側、この場合は花柄のほうに倒します。これを4枚作ります。

11

2枚を中表に合わせて、布端から布端まで縫います。これをもう1枚作り、縫い代は上下で逆方向になるように倒します。

12

の2枚を中表に合わせて縫います。両端、片方のピースの中心、もう片方のピースの中心、接ぎ合わせた中心の順にまち針で留めます。この時点で接ぎ目同士が合っていなくても、縫っている間に合ってきます。

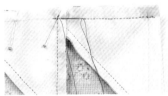

13

布端から返し縫いをして縫い始め、接ぎ目まで縫ったらひと針返し縫いをします。縫い代はよけずにそのまま一緒に縫います。

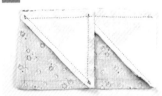

14

そのまま印の2針外側まで縫い、返し縫いをして玉止めをします。、のように縫い目にアイロンを当て、縫い代を片倒しします。

15

完成です。

● はめ込み縫いの縫い方　3枚のピースの辺が接する部分の縫い方です。

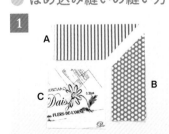

1

A

B

C

ピースを用意します。内側の接する角がはめ込み縫いになります。この部分は布端ではなく印から縫います。

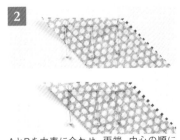

2

AとBを中表に合わせ、両端、中心の順にまち針を留めます。右端がはめ込み縫いになるので、まち針を左側にずらして留め直します。

3

印から針を入れ、ひと針返し縫いをして縫い進めます。

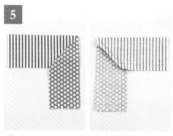

最後は印から2針外側まで縫い、返し縫いをしてから玉止めをします。はめ込み縫い側だけが印から縫い、後は布端までです。

ピースをひらいて縫い代を片倒しし、アイロンを当てて整えます。

次にAとCを中表に合わせてまち針を留めます。

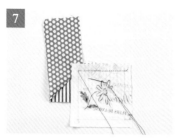

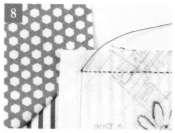

布端から縫い始め、左端の印でいったん縫い止めます。

印で小さく玉止めをします。玉止めのさいの、針にかける糸は1回です。

Cのピースの向きを変えてBのピースと中表に合わせます。印を合わせてまち針で留めます。

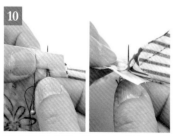

8 の続きから縫い始めます。針を同じ位置に入れ、Aの布をすくわないようにCとBのみに針を通します。

ひと針返し縫いをして、布端まで縫い進めます。

アイロンで縫い目を押さえて縫い代を片倒しします。完成です。

● 追いかけ縫いの縫い方　縫い始めと縫い終わりがわからない、ぐるぐると追いかけっこになっている縫い方です。

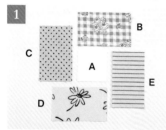

ピースをそれぞれカットします。中心の正方形を周囲の長方形が囲む形です。BのピースはAの角と合う位置に合印を書いておきます。

AとBのピースを中表に合わせてまち針で留めます。合印、左端、その間に留めます。

間に留めたまち針の手前あたりから縫い始めます。最初は返し縫いをせずにそのまま縫い、最後は布端まで縫って返し縫いをします。ピースをひらいて縫い代をB側に片倒しします。

4

ABとCを中表に合わせてまち針で留め、布端から布端まで縫います。最初と最後は返し縫いをします。

5

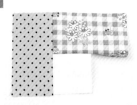

ピースをひらき、アイロンを当てて縫い代をC側に片倒しします。

6

ACとDを中表に合わせて同様に縫います。縫い代はD側に片倒しします。

7

ADとEを中表に合わせて同様に縫います。縫い代はE側に片倒しします。

8

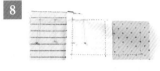

最後にAEと、途中まで縫ったBを中表に合わせて縫います。**3**とは反対側を手前にして印を合わせてまち針で留め、続きからひと針返し縫いをして縫います。

9

布端まで縫ったら返し縫いをして玉止めをし、縫い代をB側に倒します。完成です。

● カーブの縫い方　凸と凹のカーブ同士の縫い方です。

1

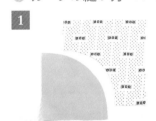

ピースをカットします。

2

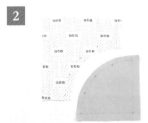

裏のカーブ部分には合印を3か所入れておきます。印から印までをまち針で留めて小刻みに縫います。

3

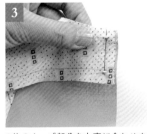

2枚のカーブ部分を中表に合わせます。このとき、布端同士がまっすぐになるように印をまち針で留めます。

4

合印を合わせてまち針で留め、さらにその間に2本留めます。

5

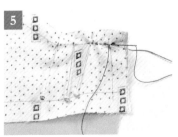

布端から返し縫いをして縫い始めます。印までの間隔が短いので、直線を縫っているのと同じ要領です。

6

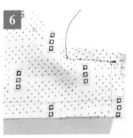

合印まで縫えたら、いったん針を休めてそのままにします。

次の合印までを合わせて、同様にまち針を
留めて縫います。

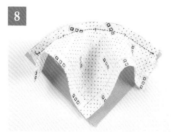

これをくり返して布端まで縫います。

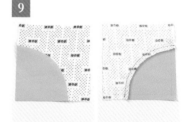

アイロンで押さえて縫い代を凸のカーブ側
に倒します。完成です。

● 円のアップリケの縫い方　土台布に円を奥たてまつりで縫います。きれいな円を作る、2つの方法をご紹介します。

1

土台布と円のアップリケ布を用意します。

2 ①縫い絞って円を作る方法

アップリケ布の周囲をぐし縫いします。最
後は最初の縫い目に2目重ねて縫います。

3

出来上がり寸法の型紙を裏に重ね、糸を
引いてぐし縫いを引き絞ります。

4
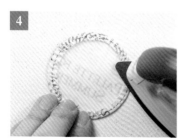

引き絞ったら玉止めをして糸をカットし、
しっかりとアイロンを当てて形作ります。ア
イロンは表と裏から当てます。

5

型紙を引っぱり出します。アップリケの円
の完成です。

6 ②縫い代をアイロンで倒す方法

もうひとつの方法は、キーピングなどの液
体洗濯のりと水を半々で混ぜ合わせて水
のりを作ります。アップリケ布の裏に型紙
を合わせ、縫い代に水のりを付けます。

7

アイロンの先で縫い代を持ち上げて、型紙
の縁を利用して縫い代を倒します。

8

縫い代がすべて倒せました。水のりが付
いているのでしっかりときれいに形作れま
す。型紙を抜きます。

9

土台布にアップリケする位置を、上下左右
に点で印を付けます。

10

印に合わせてアップリケの円を重ね、まち針で留めます。

11

縫い目が表から見えないように奥たてまつりをします。アップリケ布の縁の山部分に針を出し、そのまま山よりもやや内側の土台布に針を入れます。

12

一周まつったら完成です。実際に縫うときはアップリケ布と同じ色の糸で縫います。

● 茎のアップリケの縫い方　植物の細い茎などをバイヤステープを作ってアップリケします。

1

バイヤステープを作ります。布に対して45度に定規を合わせ、ロータリーカッターで2.5cm幅にカットします。

2

バイヤステープは外表に合わせて縫い代0.5cmで縫って筒状にします。アップリケ部分に印を付けた土台布を用意します。

3

茎用布の縫い代を0.2cmにカットし、縫い代を割ります。表から縫い代がはみ出ないか確認します。茎の型紙を用意します。

4

茎用布の中に型紙を入れます。

5

型紙を入れたらアイロンで押さえて形を作ります。しっかりと押さえましょう。

6

型紙を抜き、土台布の印に合わせてまち針で留めます。⑤でカーブの形にしたので、合わせやすくなっています。

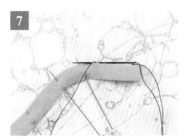

7

端から奥たてまつりで縫います。反対側の辺も同様にまつります。

8

余分な長さをカットします。完成です。

縫い代の倒し方

縫い代は目立たせたいピースの側、パターンの形側に片倒しするのが基本です。
布の厚みや色によって、倒しやすい側に倒してもかまいません。

72ページ **Baby's Block**

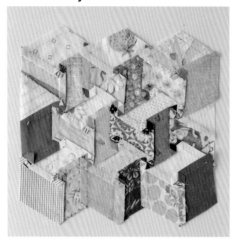

74ページ **Compote of Flowers**

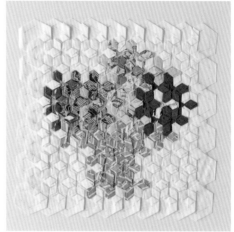

84ページ **Pineapple**

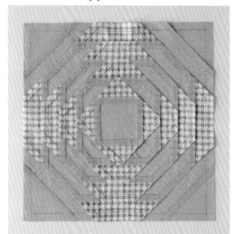

113ページ **The Lover's Chain**

121ページ **Wheel of Fortune**

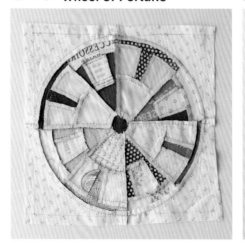

130ページ **Wonder of the World**

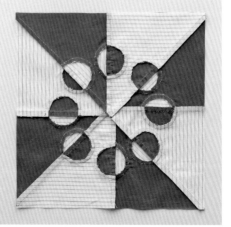

作品の作り方

- 図中の数字の単位は cm です。
- 構成図や図案の寸法には、特に表示のない限り縫い代を含みません。通常、縫い代はピーシングは 0.7cm、アップリケは 0.5cm、仕立ては 1cm くらいを目安に。裁ち切りと表示のある場合は、縫い代を付けずに布を裁ちます。
- 指示のない点線は、縫い目、キルティングやステッチのラインを示しています。
- 材料の布の寸法は、布幅×長さで表記しています。用尺は少し余裕を持たせています。作品の寸法は縦×横です。
- キルティングをすると少し縮むので、周囲の縫い代に余分を付けておきます。
- 作品の出来上がりは、図の寸法と多少差の出ることがあります。

■ 裏打ち布
キルトの裏側に付ける布。

■ 落としキルティング
ピースやアップリケの縫い目のきわに入れるキルティングのこと。

■ キルト綿
シート状の綿。トップ（表布）と裏打ち布の間にキルト綿をはさみます。

■ キルティング
裏打ち布、キルト綿、トップの順に重ねて、小さな針目で3層を一緒にステッチすること。

■ トップ
キルトの表布。ピーシングしているものも、一枚布もあります。

■ パイピング
キルトの周囲の縫い代をバイヤステープなどでくるんで始末すること。

■ ピーシング
ピース同士を縫い合わせること。

■ ピース
型紙で印を付けて裁った最小単位の布のこと。

■ ブロック
パターンなど、キルトのデザインを構成するひとつ。

■ ボーダー
ブロックの周囲に付ける帯状の布。

■ ラティス
ブロック同士をつなぐ帯状の布。

◻ **材料（1枚分）**
ピーシング、アップリケ用布各種　接着キルト綿、裏布、
接着芯各15×15cm

◻ **作り方**
1. ピーシング、アップリケをして本体のトップをまとめる。
2. トップに接着キルト綿をはり、キルティングする。
3. 本体と裏布を中表に合わせ、返し口を残して周囲を縫う。
4. 表に返して返し口をコの字とじでとじる。

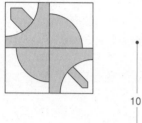

本体1枚　裏布1枚

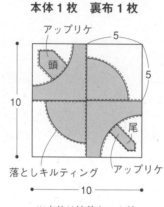

アップリケ
頭
5
5
10
落としキルティング　アップリケ
10

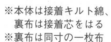

尾

作り方

①
本体（裏）

接着キルト綿
裏布（表）
5返し口

本体と裏布を中表に
合わせ、返し口を残して
周囲を縫う

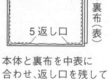

②
表

コの字とじ

表に返して
返し口をとじる

※本体は接着キルト綿、
　裏布は接着芯をはる
※裏布は同寸の一枚布

実物大型紙

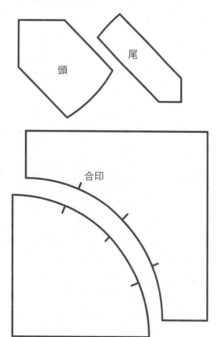

頭
尾
合印

P.78　四角つなぎのポーチ　*pattern* ▶ 146page

🔲 **材料**
ピーシング、ファスナー飾り用布各種　中袋用布（幅1.5cm
バイヤステープ40cm分含む）25×35cm　キルト綿、裏
打ち布各25×20cm　長さ18cm両開きファスナー1本

🔲 **作り方のポイント**
・ ファスナーは本体の外側に付ける。

🔲 **作り方**
1. ピーシングをして本体のトップをまとめる。
2. 裏打ち布、キルト綿にトップを重ね、しつけをかけてキルティングする。
3. 本体を中表に二つ折りして両脇を縫い、マチを縫う。
4. 中袋も本体と同様に縫う。
5. 本体と中袋を外表に合わせて口をパイピングでくるむ。
6. 本体の口にファスナーを縫い付ける。
7. ファスナーの端をファスナー飾りでくるむ。

本体1枚　中袋1枚

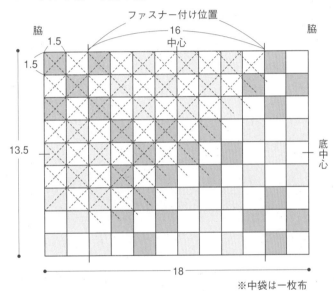

ファスナー付け位置
脇　　　　　　　　　16　　　　　　脇
　　1.5　　　　　　中心
1.5
13.5
　　　　　　　　　　　　　　底中心
　　　　　　18
※中袋は一枚布

ファスナー飾り2枚

裁ち切り
7
3

作り方

①

本体（裏）
わ

脇
3
1.5
縫う

中表に二つ折りし、両脇を縫い
マチを縫う
中袋も同様に縫う

②

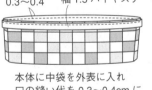

0.3～0.4　　幅1.5バイヤステープ（裏）

本体に中袋を外表に入れ
口の縫い代を0.3～0.4cmに
切り揃え、バイヤステープを
中表に合わせて縫う

③

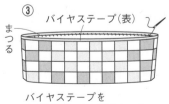

まつる
バイヤステープ（表）
まつる

バイヤステープを
内側に返して中袋にまつる

④

まつる　　ファスナー（裏）
　　　　　　　　スライダー
中袋（表）
パイピング
　　　　本体（表）
　　ファスナー

パイピングのきわと
ファスナーのきわを
合わせて星止め

パイピングにファスナーを合わせて
星止めしてまつって縫い付ける

ファスナー飾りの付け方

ファスナー（表）
　　　　　　　裏
①
0.5　　　　0.5

ファスナーの端に
中表に縫い付け
表に返す

②
　　　　　　表
　　2
　　　　まつる
端をくるんで
まつる

P.85　裁判所の階段のポーチ　*pattern* ▶ **80page**

pattern ▶ **80page**

出来上がり寸法　10×13.5cm

◙ 材料
ピーシング用布各種　キルト綿、裏打ち布、裏布、接着芯
各25×25cm　ひも用布5×55cm

◙ 作り方のポイント
- 本体を巻きかがりで縫い合わせるとき、辺と辺を外表に
合わせ、裏布をすくう。

◙ 作り方
1. ピーシングをして本体のトップをまとめる。
2. 裏打ち布、キルト綿にトップを重ね、しつけをかけてキルティングする。
3. ひもを作る。
4. 本体と裏布を中表に合わせ、ひもをはさんで返し口を残して周囲を縫う。
5. 表に返して返し口をまつってとじ、裏布を星止めする。
6. 3つ角を合わせて巻きかがりで縫い合わせる。

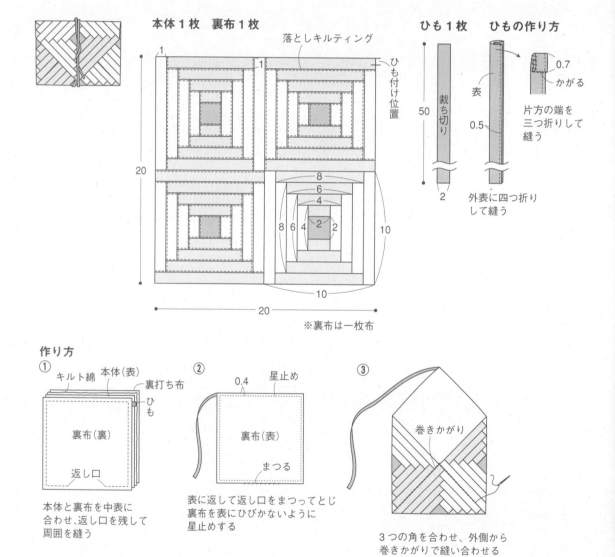

本体1枚　裏布1枚

落としキルティング

ひも付け位置

1　1

20

20

8
6
4
8 6 4 2 2
10

10

※裏布は一枚布

ひも1枚　ひもの作り方

50

裁ち切り

2

表

0.5

0.7
かがる

片方の端を
三つ折りして
縫う

外表に四つ折り
して縫う

作り方

①
キルト綿　本体（表）
裏打ち布
ひも
裏布（裏）
返し口

本体と裏布を中表に
合わせ、返し口を残して
周囲を縫う

②
0.4　星止め
裏布（表）
まつる

表に返して返し口をまつってとじ
裏布を表にひびかないように
星止めする

③
巻きかがり

3つの角を合わせ、外側から
巻きかがりで縫い合わせる

◻ **材料（1枚分）**
ピーシング用布各種　接着キルト綿、裏布、接着芯各15
×15cm

◻ **作り方**
1. ピーシングをして本体のトップをまとめる。
2. トップに接着キルト綿をはり、キルティングする。
3. 本体と裏布を中表に合わせ、返し口を残して周囲を縫う。
4. 表に返して返し口をコの字とじでとじる。

本体1枚　裏布1枚

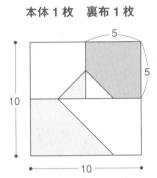

※本体は接着キルト綿、
　裏布は接着芯をはる
※裏布は同寸の一枚布

作り方

①

本体と裏布を中表に
合わせ、返し口を残して
周囲を縫う

②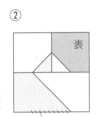

表に返して
返し口をとじる

実物大型紙

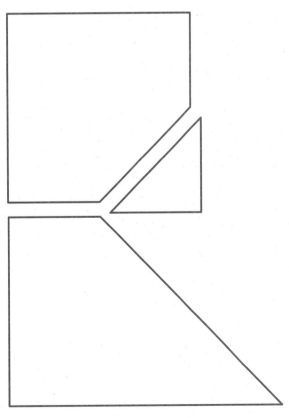

P.54　ポシェット　*pattern* ▶ 55page

出来上がり寸法　14.5×14.5×9.5cm

☑ 材料

ピーシング用布各種　本体後ろ用布（底マチ、ファスナー
マチ、ループ分含む）、接着キルト綿各 55×25cm　キル
ト綿 25×25cm　本体前・後ろ用裏打ち布 45×25cm
当て布（ファスナーマチ・底マチ用裏打ち布、幅 3cm バイ
ヤステープ 80cm 分含む）70×70cm　長さ 27cm 両開き
ファスナー 1 本　幅 1cm 長さ 135cm 革製肩ひも 1 本　幅
1.5cmD かん 2 個

☑ 作り方のポイント

・ 本体後ろ、ファスナーマチ、底マチには接着キルト綿を
　はる。
・ 本体とマチを中表に合わせて縫うとき、ファスナーはあ
　けておく。
・ 縫い代はすべてバイヤステープでくるんで始末する。

☑ 作り方

1. ピーシングをして本体前のトップをまとめる。本体後ろのトップは一
　枚布。
2. 裏打ち布、キルト綿（接着キルト綿）に本体前と本体後ろ、底マチ
　のトップをそれぞれ重ね、しつけをかけてキルティングする。
3. ループを作る。
4. ファスナーマチを作り、底マチを縫い合わせて輪にする。
5. 本体のマチを縫う。当て布も同様に縫う。
6. 本体と当て布を外表に合わせ、マチを中表に合わせて縫う。
7. 縫い代をパイピングでくるむ。
8. 肩ひもを付ける。

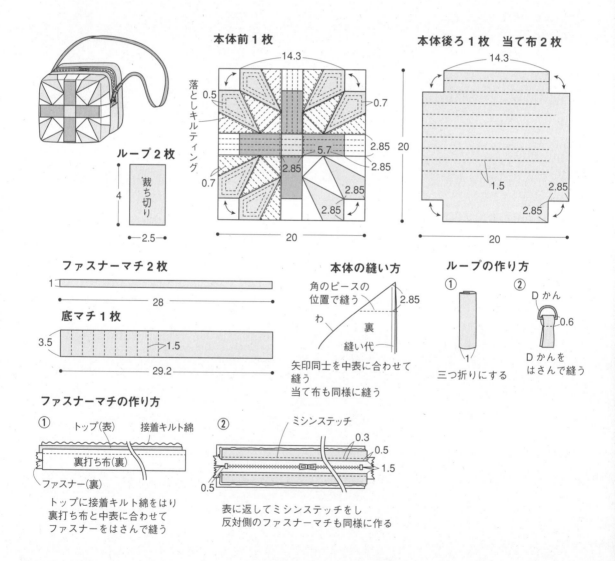

182

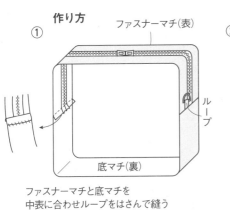

作り方

① ファスナーマチ（表）

底マチ（裏）

ループ

ファスナーマチと底マチを
中表に合わせループをはさんで縫う
縫い代はバイヤステープで
くるんで底マチ側にまつる

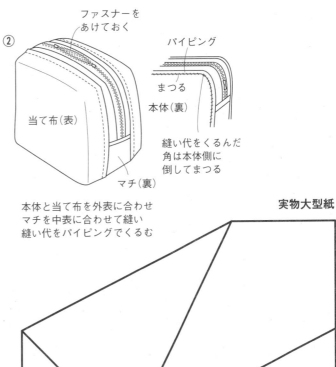

② ファスナーを
あけておく

当て布（表）

マチ（裏）

本体と当て布を外表に合わせ
マチを中表に合わせて縫い
縫い代をパイピングでくるむ

パイピング

まつる

本体（裏）

縫い代をくるんだ
角は本体側に
倒してまつる

実物大型紙

作り方184ページ　チェーンリンクのキルト実物大図案

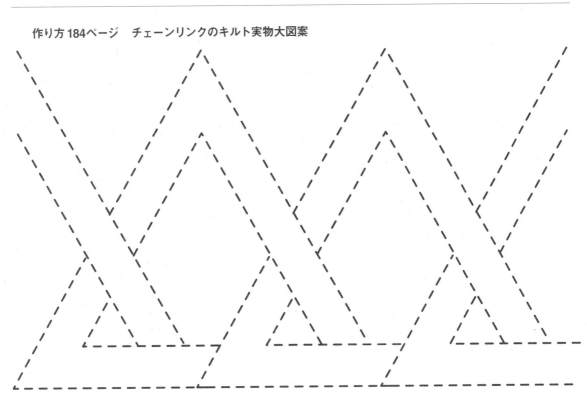

P.167 チェーンリンクのキルト   *pattern* ▶ **166page**   出来上がり寸法　80×120cm

◎ 材料

ピーシング用布各種　ボーダー用布60×130cm　幅
2.5cm パイピング用テープ410cm　キルト綿、裏打ち布
各90×130cm

◎ 作り方のポイント

・ パイピング用のテープは、ストライプ柄をいかして布目
　でカットする。
・ キルティングラインの実物大図案は183ページ。

◎ 作り方

1. ピーシングをしてトップをまとめる。
2. 裏打ち布、キルト綿にトップを重ね、しつけをかけてキルティングする。
3. 周囲をパイピングで始末する。

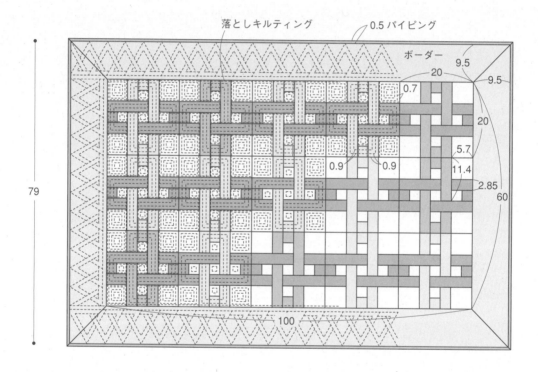

落としキルティング　　0.5 パイピング

ボーダー　　9.5

20

9.5

0.7

20

5.7

0.9　　0.9　　11.4

2.85

60

79

100

119

20×20cm のパターンの
50％縮小パターン図
20cm で使用する場合は
200％拡大してご使用ください

P.12 Friendship Basket

P.16 Lily

20×20cm のパターンの
50%縮小パターン図
20cm で使用する場合は
200%拡大してご使用ください

P.17 Basket of Lilies

P.22 Arkansas Meadow Rose

20×20cm のパターンの
50％縮小パターン図
20cm で使用する場合は
200％拡大してご使用ください

P.26 Magnolia Blossom

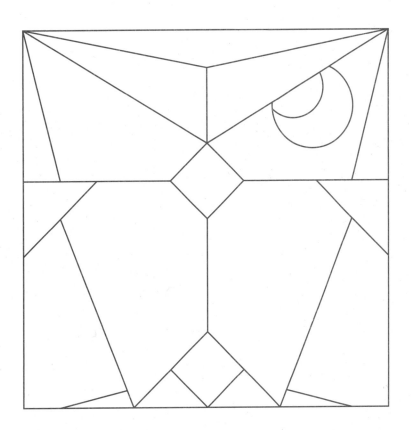

P.32 Georgia's Owl

20×20cm のパターンの
50%縮小パターン図
20cm で使用する場合は
200%拡大してご使用ください

P.40 Turtle

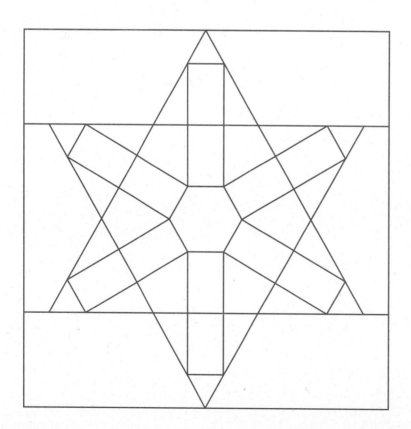

P.47 Wisconsin Star

20×20cm のパターンの
50％縮小パターン図
20cm で使用する場合は
200％拡大してご使用ください

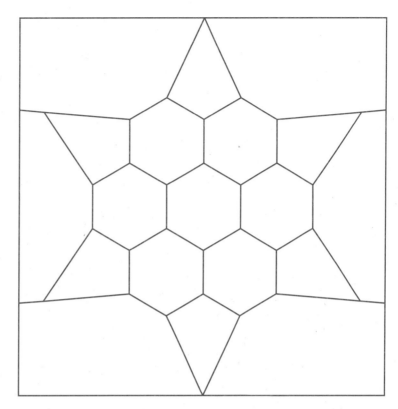

P.48 Grandmother's Star

P.119 Texas

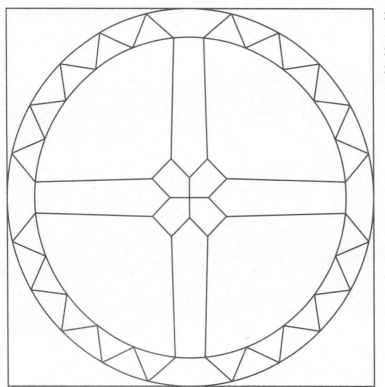

20×20cm、24×24cm の
パターンの 50%縮小パターン図
20cm、24cm で使用する場合は
200%拡大してご使用ください

P.122 Chips and Whetstones

P.123
Mariner's Compass

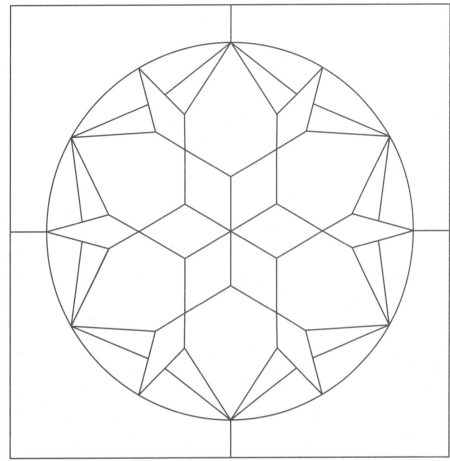

24×24㎝のパターンの
50％縮小パターン図
24㎝で使用する場合は
200％拡大してご使用ください

P.124　Texas Star

正五角形の描き方

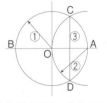

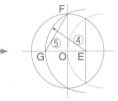

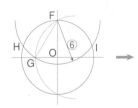

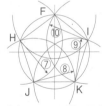

中心線を引き、中心点O
から円を描く
交点AからOを通る円を
描き、交点CとDを結ぶ

CDと中心線の交点Eから
中心線と①の円の交点Fを
通る円を描き、交点FとGを
結ぶ

FG（これが六角形の
1辺の長さ）を半径に
した円をFを支点に
して描く

交点Hから同様に円を描き
①の円との交点Jを出す
次に交点Jから同様に
円を描き、これをくり返す
各交点を結ぶと完成

正六角形の描き方

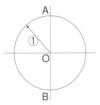

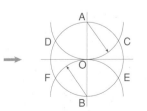

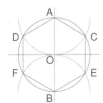

中心線を引き、中心点O
から円を描く

中心線と円の交点AとBから
それぞれOを通る円を描く

各交点を結ぶと完成

191

Profile

小関鈴子　*Suzuko Koseki*

キルト作家。キルト教室「La Clochette」主
宰。服飾を学んだ後にパッチワークキルトと
出会い、キルトの道へと進む。大人のかわい
らしさとシックさを併せ持つスタイルのキルト
はファンが多く、日本のキルト界を代表する
作家の一人。「マニッシュなキルト」「大人スタ
イルのキルト」など著書多数。
http://laclochette.jp

制作協力

池田悦子　加藤冨美子　佐藤尚子
佐野恵理子　田口直子　宮元啓子

Staff

撮影
山本和正

デザイン
橘川幹子

作図
大島幸

編集
恵中綾子（グラフィック社）

これまでのキルトの歴史の中で、数々の素晴らしいパター
ンが生み出されてきました。パターンの製作やアレンジ
に寄与してきたすべてのキルターに敬意を表します。こ
れからも多くの人たちがパターンを楽しんでキルトを作っ
ていくことを願っています。

色と形　パッチワークパターンで布遊び
180 Designs of Traditional and Original Quilt Blocks

2020 年 1 月 25 日　初版第 1 刷発行
2023 年 10 月 25 日　初版第 4 刷発行

著　者：小関鈴子
発行者：西川正伸
発行所：株式会社グラフィック社
　　　　〒 102-0073
　　　　東京都千代田区九段北 1-14-17
　　　　tel　03-3263-4318（代表）
　　　　　　　03-3263-4579（編集）
　　　　fax　03-3263-5297
　　　　郵便振替　00130-6-114345
　　　　http://www.graphicsha.co.jp

印刷・製本：図書印刷株式会社